Anne Ibsch-Wolf

Ich

Anne
Ibsch-Wolf

ICH

Das Buch der Selbsterkenntnis

Bibliografische Information der Deutschen Bibliothek:
Die Deutsche Bibliothek verzeichnet diese Publikation in der Deutschen Nationalbibliografie;
detaillierte bibliografische Daten sind im Internet über **http://dnb.ddb.de** abrufbar.

1. Auflage 2010

© 2010 by mvg Verlag, ein Imprint der FinanzBuch Verlag GmbH, München,
Nymphenburger Straße 86
D-80636 München
Tel.: 089 651285-0
Fax: 089 652096

Umschlaggestaltung: Pamela Günther, München
Satz: Druckerei Joh. Walch, Augsburg
Druck: CPI – Ebner & Spiegel, Ulm
Printed in Germany

ISBN 978-3-86882-152-9

Für Fragen und Anregungen:
anneibsch-wolf@mvg-verlag.de

─ *Weitere Infos zum Thema* ──────────────────────

www.mvg-verlag.de
Gerne übersenden wir Ihnen unser aktuelles Verlagsprogramm.

INHALT

Vorwort

Herzlichen Glückwunsch. Sie haben mit diesem Buch die Möglichkeit zur Selbsterkenntnis und der Reise zu sich selbst erhalten.

»Selbsterkenntnis ist der erste Weg zur Besserung.« Diese Wahrheit wird oft bemüht, und wer sie hört, der stimmt ihr meist auch zu. Aber wie setzt man sie praktisch um? Ganz abgesehen von der erwarteten »Besserung«. Besser in Bezug auf was? Besser als wer? Ist es überhaupt richtig, sich zu vergleichen?

Und was sind es überhaupt für Erkenntnisse, die wir im Allgemeinen so über uns selbst haben? »Ich sollte mehr Sport treiben, mehr lesen, mehr Zeit für mich haben, ein wenig abnehmen, mit dem Rauchen aufhören, endlich meine Bewerbung schreiben, meinem Chef mal die Meinung sagen und mich vor allem mit meinem Partner aussprechen.« So lauten typische Selbsterkenntnisse. Wie schaffen wir es, aus ihnen wirklich Nutzen zu ziehen? Wie können wir uns selbst dazu motivieren, Gewohnheiten zu ändern und neue Wege zu gehen?

Um hier etwas zu erreichen, brauchen wir nicht nur den Blick auf – vermeintliche oder tatsächliche – Schwächen, sondern auch positive Impulse.

Sich selbst zu erkennen bedeutet nicht nur, eigene Schwächen zu sehen, sondern auch Potenziale zu nutzen, die dabei helfen, diese Schwächen zu überwinden. Viele dieser Potenziale tragen wir in uns, sie wollen nur entdeckt und entfaltet werden. Auch das – und nicht nur der Blick auf das Negative – gehört zur Selbsterkenntnis.

Wer sich selbst erkennen und verändern will, der braucht deshalb nicht zuletzt Selbstvertrauen. Schließlich sollen die Antworten, die wir auf unsere Lebensfragen finden, zu uns passen. Meist verlassen wir uns hierbei auf unsere subjektive Selbsterkenntnis, auf den Eindruck, den wir von uns selbst haben. Dieses Selbstvertrauen leidet aber, je mehr suboptimale Entscheidungen wir in der Vergangenheit aufgrund falscher oder mangelnder Selbsteinschätzungen getroffen haben. Je mehr solcher negativer Erfahrungen wir machen, desto häufiger stellen wir dann unsere Fähigkeit zur Selbsterkenntnis überhaupt infrage.

Weshalb Tests?

In diesem Buch werden Ihnen eine Fülle von Tests angeboten, die das Ziel haben, Sie mit dem Thema vertraut zu machen sowie Ihre Stimme mit einzubeziehen. Wie schätze ich mich ein, wie würde ich gern antworten, wie lautet meine wirkliche Antwort und was, glaube ich, denken andere von mir? Will mein Mann/mein Partner, dass ich im Beruf weiterkomme? Mache ich deshalb den Test nur halbherzig, da ich ja gar nicht will, dass herauskommt, dass ich mich verändern soll?

Es gibt ein Zitat: »Glaube keiner Statistik, die du nicht selbst gefälscht hast.« Mit meinen Tests haben Sie die spielerische Möglichkeit, die Motive, die hinter dem Thema stecken, auszuloten und in ihre Auswertungen mit einzubeziehen. Das eine sind die Ergebnisse, die schwarz auf weiß und mit Punkten versehen im Buch stehen. Das andere ist Ihr Gefühl dazu.

Vielleicht haben Sie in der Vergangenheit festgestellt, dass so eine Auswertung Ihnen zu allgemein ist, weil jeder hineinzupassen scheint.

Hier sind Sie es, die die Auswertung transparent macht, und ich werde Sie mit meinen Tipps bei Ihrer persönlichen Interpretation begleiten.

Die hier aufgeführten Tests finden hier Anwendung für den privaten Gebrauch.

Ich werde, um Ihr Ich zu erforschen, immer wieder Fragen zum Thema einstreuen, die nur Sie allein für sich beantworten können und sollen, um Ihre persönlichen Erkenntnisse zu erfahren.

> *Ich halte Selbsterkenntnis für schwierig und selten, die Selbsttäuschung dagegen für leicht und gewöhnlich.*
>
> **Wilhelm von Humboldt**

Übungen, Tipps und mehr

Ziel des Buches *ICH* ist es, Sie auf dem Weg zu einer individuellen Selbsterkenntnis zu begleiten sowie allgemeines und fachliches Wissen zu vermitteln. Dies geschieht anhand typischer Alltagsfragen und Probleme, mit denen jeder im Laufe seines Lebens konfrontiert wird. Denn meist sind es konkrete Situationen, in denen sich die Frage nach der Selbsterkenntnis stellt.

Die Themen stammen aus dem privaten wie aus dem beruflichen Bereich: Alltagsgestaltung, Verhalten in Beziehungen, Verhalten am Arbeitsplatz. Die Reise in das ICH im Sinne eines konstruktiven Umgangs mit eigenen Schwächen und Stärken ist ja nicht nur im privaten Bereich wichtig, sondern gewinnt auch im beruflichen Miteinander zunehmend an Bedeutung.

Für wen ist dieses Buch?

Für jeden, der sich für psychologische Alltagsthemen interessiert und der sich mit der eigenen Entwicklung beschäftigt. Alle, die herausfinden möchten, wie sie ticken, und die mehr über die Ursprünge dieses subjektiven Empfindens erfahren möchten.

Risiken und Nebenwirkungen

Hinweis: Die in diesem Buch veröffentlichten Tests sind keine Persönlichkeitstests, die im Business Anwendung finden. Die hier durchgeführten Tests sind ausschließlich zur Selbsterkenntnis gedacht und finden nur so ihre Anwendung. Es geht um Tendenzen, die zum Nachdenken anregen, Momentaufnahmen, die die augenblickliche Situation widerspiegeln.

Dieses Buch kann keinen Arzt oder Therapeuten ersetzen. Scheuen Sie sich nicht, die Möglichkeiten der professionellen Begleitung zu nutzen. Es ist Ihr Leben, das Sie optimieren wollen. Sollten Sie Risiken entdecken oder unangenehme Nebenwirkungen verspüren, befragen Sie Ihren Coach und lösen Sie die Ursachen.

Gebrauchsanweisung

Überlegen Sie sich, was Sie herausfinden wollen und wozu. Was möchten Sie über sich wissen, das Sie noch nicht erkannt haben? Sollten Sie schwarz auf weiß lesen wollen: »So bin ich«, könnte es Nebenwirkungen geben. So funktionieren wir nicht. Es gibt keine gültigen Wahrheiten über uns selbst.

Es gibt verschiedene Möglichkeiten, mit dem Buch umzugehen. Lesen Sie es Kapitel für Kapitel und wenn Sie wollen, füllen Sie jeden Test sorgfältig aus und loben Sie sich innerlich für Ihre Erkenntnisse und Fortschritte. Vielleicht wiederholen Sie auch die eine oder andere Übung.

Genauso steht es Ihnen frei, nur die Tests und Übungen zu machen, die Sie ansprechen.

Es gibt wiederum Leser, die orientieren sich am Inhaltsverzeichnis und lesen nur Themen, die im Augenblick interessant sind.

Hören Sie Entspannungsmusik oder eine andere Lieblingsmusik. Seien Sie während des Ausfüllens der Tests fantasievoll, schreiben Sie mal rechts, mal links. Jonglieren Sie zwischen den Übungen. So regen Sie ihre Gehirnhälften zur Kreativität an.

Wichtig ist, dass es Ihnen Spaß macht. Es ist ein Tante-Emma-Laden mit einem Angebot an Tipps und Möglichkeiten, die Sie für sich nutzen können. Finden Sie die Möglichkeiten für Ihre Entwicklung heraus.

ZU MEINER PERSON

Andere Menschen sind für mich wie Wasser. Ich brauche sie, um zu leben. Die Kommunikation und das Miteinander bereiten mir Freude. Das gilt für mein Privatleben wie für meinen Beruf. Es war mir schon immer ein Anliegen, die Themen meiner Freunde ernst zu nehmen, ihnen mit meinem Wissen weiterzuhelfen und die Möglichkeiten, sich das Leben leicht und glücklich zu gestalten, auszuloten. Sei es mit dem Rat, wer der beste Friseur am Ort ist, wo die leckersten Antipasti zu bekommen sind, wie ich ein 5-Gänge-Menü für Freunde zubereite, wie die Kommunikation mit meiner Familie erfolgreicher wird oder wie ich mit meinen Kollegen besser klarkomme. Um auch tiefer liegende Themen besprechen zu können, wurde ich Coach und Trainerin und biete seit vielen Jahren mein Wissen in Seminaren und im Einzelcoaching an.

Nachdem ich mein Studium der Kommunikationswissenschaften und Psychologie abgeschlossen hatte, wurde ich immer wieder gefragt: »Was macht man denn in diesem Beruf?« Ich verstehe meine Arbeit als Angebot. Ich biete meinen Klienten und Teilnehmern mein Wissen so dar, dass sie einen Nutzen davon haben.

Es ist nicht alles für jeden gleichermaßen interessant, und dennoch fächere ich mein Angebot breit, sodass meine Leser Wahlmöglichkeiten haben.

Wenn ich meinen Klienten sagen würde, was gut für sie ist, hätte ich ein Problem. Sie würden nicht wieder kommen. Sie würden meine Ideen und Ratschläge umsetzen und wenn diese nicht funktionieren, dann habe ich sie in ihrer Wahrnehmung »falsch beraten«. Meine Aufgabe ist es, sie bei der Lösungsfindung zu begleiten. Denn nur der Einzelne weiß, wo er wirklich hinwill.

Als Beraterin begleite ich meine Klienten auf dem Weg zu sich selbst. Dies geschieht über viele Fragen, deren Antworten immer sehr persönlich sind. So wie Ihre Reise ins ICH mit diesem Buch. SIE sind es, die sich auf den Weg ins Innere begeben, um herauszufinden: *So bin ich.*

Als Persönlichkeitscoach ist es meine Aufgabe, Menschen Zeit zu geben, um Themen, die sie bewegen, zu klären. Sie können herausfinden, was sie schon immer bedrückte, die Ursachen beleuchten, Perspektiven ausloten, Ziele entdecken und diese erleben. Die Menschen, die kommen, nehmen sich Zeit. Zeit ist das Geheimnis der Selbstfindung.

Mit diesem Buch gebe ich Ihnen die Gelegenheit, sich auf Ihre Art und Weise Zeit zu nehmen, sich Gedanken zu machen, Tests zu finden, die zu Ihnen passen, und Antworten zu geben, die Sie schon immer kennen wollten. Nehmen Sie sich die Zeit, die Sie brauchen. Sorgen Sie beim Lesen gut für sich. Legen Sie das Buch vielleicht auf Ihren Nachttisch und schlagen Sie jeden Abend eine beliebige Seite auf. Sie werden feststellen, dass auch ein zufällig gewähltes Thema

Sie weiterbringen wird. Entdecken Sie die Möglichkeiten, mit einem Ratgeber zu spielen.

Mein Dank gilt meinem Mann und meiner Tochter, die mir mit Rat und Tat jederzeit zur Seite stehen. Meiner Schwester, meinen Freundinnen und Freunden danke ich für alle Formen der Unterstützung, die ich während meiner Arbeit an diesem Buch bekommen habe.

EINLEITUNG

Das Lesen des Buches und das Ausfüllen der Tests wird kein komplettes Veränderungsprogramm für Sie sein, doch es bietet Ihnen Übungen und Tipps. Vielleicht können Sie dadurch einen ersten Schritt in Richtung Veränderung gehen.

Eventuell möchten Sie sich bestätigen oder die Tests ausfüllen und einfach nicken: Ja, so sehen mich die anderen. Vielleicht gibt es auch die eine oder andere Anregung, die Sie persönlich aufhorchen lässt: Ja, so könnte ich das Leben auch betrachten.

Dabei ist es wichtig, dass Sie sich zuerst fragen: Will ich mich heute in diesem Gebiet prüfen? Was möchte ich heute herausfinden? Welche Antwort erwarte ich?

Es gibt auch die Möglichkeit, die Einführungen zu lesen und die Übungen auszufüllen. Dann haben Sie einen Überblick, mit dem Sie Ihr persönliches Lebenspuzzle anschauen können.

Das Puzzle des Lebens

Dieses Puzzle besteht aus vielen Teilen, die zusammengenommen ein Bild von Ihnen ergeben. Dabei ist es interessant, dass es aus den vielen verschiedenen Bereichen besteht, in denen Sie unterwegs sind und die Sie jetzt genauer betrachten können. Und es kann sein, dass Sie in diesem Bild entdecken, dass Sie als Manager eine starke Führungspersönlichkeit sind, doch in der Rolle des Ehemanns die Führung der Partnerin überlassen.

Es könnte auch sein, dass Sie sich als schwache Persönlichkeit beschreiben, doch in den Augen Ihrer Freunde als sehr stark wahrgenommen werden.

Betrachten Sie diese Aussagen einmal im Zusammenhang. Vielleicht nehmen die Freunde Sie als wunderbaren Organisator von Feiern und Festen wahr, sehen aber Ihre Zweifel im Beruf nicht, die Sie wiederum als Schwäche empfinden. Die Freunde sehen nur den einen Part und denken, Sie sind überall so.

Ich höre immer Sätze wie: »Als Sportler habe ich ein gutes Durchhaltevermögen, doch ich schaffe es selten, ein Buch zu Ende zu lesen.«

Wir können eine geduldige Mutter und eine ungeduldige Ehefrau sein, wir können am Schreibtisch Chaos verbreiten und gleichzeitig akribisch einen Text lektorieren.

Manche Teile kennen wir schon lange, andere sind erst neuerdings hinzugekommen. Wir wiederholen Verhaltensmuster, die wir schon lange kennen, und entdecken Energien, die wir uns bisher nicht zugetraut haben.

Die Fragen nach dem ICH – Wer bin ich? Wie sollte ich sein? Wie sehen mich die anderen? – bewegt uns, weil wir stimmig sein wollen und sicher auftreten möchten, um selbstbewusst sagen zu können: *So bin ich, so will ich sein, so passt es zu mir.*

TEIL 1:
ERSTE ERKENNTNISSE ÜBER MICH

SELBSTERKENNTNIS LEICHT GEMACHT

Nur wer wirklich weiß, wo er steht, kann auch bestimmen, wo er als Nächstes hinwill. Und wer mit dem Platz, den das Leben für ihn bereithält, zufrieden ist, wird keine Veränderungen anstreben. Um eine Veränderung zu ermöglichen, ist es wichtig, möglichst ehrlich verschiedene Fragen zu beantworten. Sonst wird nur das Wunschbild dargestellt.

Jede Reise beginnt mit dem ersten Schritt

Stellen Sie sich vor, Sie möchten in den Urlaub fahren. Sie packen Ihre Koffer, tragen sie ins Auto und fahren los. Wenn Sie jedoch nicht wissen, wohin Sie fahren wollen, woher wissen Sie dann, welchen Weg Sie nehmen müssen? Bin ich dann schon an der nächsten Straßenecke am Ziel oder erst nach 2 000 Kilometern. Wenn ich diese gefahren bin, bin ich dann an dem Ort, für den ich gepackt habe? Es ist, wie Sie sicherlich bestätigen können, ein Unterschied, ob ich in Rom oder Helsinki lande. Es geht darum, das Ziel konkret zu formulieren. Erst dann können wir den Weg planen und auch das Gepäck bestimmen. Bei einer Reise nach Tokio ist vielleicht der erste Schritt der Griff zu den Kontoauszügen, dem Urlaubsplaner oder der Weg ins Reisebüro. Step by step planen Sie die Reise, um zufrieden und sicher am Ziel anzukommen.

Mit persönlichen Zielen ist es genauso. Wenn Sie zum Beispiel abnehmen wollen und einen Monat später 300 Gramm weniger wiegen, dann sind Sie im Grunde am Ziel. Ihr Gehirn sagt: Prima, du wolltest abnehmen, und das hast du getan. Ihr Weg sieht anders aus, wenn Sie Ihr Ziel konkret bestimmen. Am 1. Dezember wiege ich 70 Kilo. Dann können Sie, wenn das Ziel realistisch ist, anfangen zu planen und eventuell als ersten Schritt einen Arzt aufsuchen und sich über die Möglichkeiten informieren.

Als Erstes gilt es zu klären, wo Sie stehen und wo Sie hinwollen. *Nur Sie kennen die Antworten.*

Bestandsaufnahme

Ich denke, also bin ich
»Cogito ergo sum« (Ich denke, also bin ich) ist der bekannte Satz des Philosophen René Descartes, den er nach Zweifeln an der eigenen Erkenntnisfähigkeit formulierte und methodisch begründete:»Da es ja immer noch ich bin, der zweifelt, kann ich an diesem Ich, selbst wenn es träumt oder fantasiert, selber nicht mehr zweifeln.« Von diesem Satz ausgehend, rekonstruierte Descartes dann wieder die vormals angezweifelte Erkenntnisfähigkeit.

Denken Sie und finden Sie heraus, wer Sie sind, wie Sie sind und was Sie für sich wollen. Nehmen Sie sich Zeit für sich, erforschen Sie Ihre Seele und nutzen Sie die Möglichkeiten der Selbsterkenntnis für Ihr persönliches Wohlbefinden: *So bin ich.*

Der Weg der Selbsterkenntnis liegt nun vor Ihnen. Es ist altbekannt: Vom guten Rat der anderen ist noch niemand wirklich klüger geworden. Deshalb möchte ich Sie zu Ihrem eigenen Ratgeber machen. Sie selbst wissen in Ihrem Herzen, was Sie bewegt, wohin Sie wollen, was Sie ändern möchten.

Dazu ist es hilfreich, auf neue, spielerische Art Ihre Persönlichkeit zu beleuchten. Vor allem von Schülern höre ich immer wieder den Satz: Ich würde ja wollen, wenn es nur Spaß machen würde. Selbsterkenntnis sollte Spaß machen, denn nur mit einer Portion Humor und Selbstkritik sind Sie fähig, die Möglichkeiten, die in Ihnen stecken, zu entdecken.

Dazu können Sie das Buch einfach lesen, sich Gedanken dazu machen und auf Ihre Art und Weise zu neuen Erkenntnissen über sich kommen.

Es gibt auch andere Methoden. Kaufen Sie sich ein Notizbuch, in dem Sie Ihre persönlichen Gedanken oder Ergebnisse festhalten. Vorausgesetzt, Sie mögen diese Methode.

Oder Sie notieren Ihre Gedanken gleich ins Buch hinein.

Vielleicht sind Sie ein Fan von Karteikarten, die Sie thematisch sortieren wollen.

Notizen sind auf jeden Fall sehr hilfreich. Wenn Sie einen Gedanken aufgeschrieben haben, verfestigt er sich im Unbewussten.

Sollten Ihnen Notizen nicht zusagen, lesen Sie das Buch und lassen Sie sich überraschen, wie es dennoch wirkt.

Selbsterkenntnis ist ein intensiver Prozess. Nehmen Sie sich ausreichend Zeit. Es ist eine Chance, sich zu ordnen und Zusammenhänge und Ursachen zu erkennen, derer man sich vorher nicht bewusst war.

Im ersten Teil des Buches geht es um Ihre persönliche Einschätzung und Ihren eigenen Weg.

Im zweiten Teil finden Sie allgemeine Tests mit Auswertungen, in denen Tendenzen aufgezeigt werden.

Hier stehe ich heute.

Übung

Persönliche Inventur

Die erste Übung ist eine persönliche Inventur. Nur wenn ich weiß, was in mir steckt, kann ich beurteilen, was fehlt, verbessert werden kann und wo ein Lob hingehört.

- Wo und wie lebe ich?
- Wer gehört zu mir?
- Wie sieht mein Privatleben aus?
- Wie sieht mein Berufsleben aus?
- Was möchte ich ändern?
- Was will ich erreichen?
- Was habe ich schon erreicht?
- Worauf kann ich stolz sein?
- Worauf bin ich stolz?
- Was schätzen andere an mir?
- Was macht Freude und Spaß?

Die Selbsterkenntnis ist die Quelle allen Wissens.   **(Sprichwort)**

Viele Menschen vergleichen sich gerne mit anderen: Bin ich besser oder schlechter? Erst im Vergleich glauben manche zu entdecken, wie sie sind. Die Annahme, ich sei besser, lassen sie glauben, dass es wirklich so ist.

Dass ein Vergleich nicht die Realität abbildet, bekommen Schüler, die die Klasse wechseln müssen, häufig zu spüren. Wechselt ein Zweierkandidat in eine andere Klasse, kann es passieren, dass er dort ein Einser- oder Dreierkandidat wird. Ist er deswegen ein besserer oder schlechterer Schüler? In vielen Fällen ist er das Opfer des Leistungsvergleichs. Sind in einer Klasse viele starke oder viele schwache Schüler, kann sich das Notenspektrum durchaus verändern.

Bietet man Mitarbeitern entweder die Summe von 10 000 Euro Bonus, während alle andern 9 000 Euro bekommen, oder als Alternative 12 000 Euro, während die anderen 13 000 Euro erhalten, so wählen die meisten die 10 000-Euro-Variante. Menschen fühlen sich wohler, wenn sie im Vergleich besser abschneiden.

Es geht hier nicht um den Vergleich, sondern das Bild, das Sie ganz persönlich von sich haben.

Meine Rollen

Kennen Sie diese Situation? Ihr Partner erzählt gerade mit leicht hüstelnder Stimme, dass es ihm so gar nicht gut geht, er einen Kamillentee braucht und sich am liebsten wieder ins Bett legen würde. Ihr Mitgefühl ist groß, da klingelt das Handy. Plötzlich wird aus der nasalen Stimme eine feste, klare Stimme, die Anweisungen gibt, Bezüge erklärt, und Sie hören auch noch, dass es ihm bestens gehe. Sind Sie verwirrt? Wahrscheinlich nicht. Irgendwie ist uns bekannt, dass wir schnell von einem zum anderen wechseln können. Vom Partner, der sich krank fühlt, zum kompetenten Kollegen, der behilflich ist.

Um hier nicht Männer und Frauen zu polarisieren, noch ein Beispiel, diesmal aus der Frauenwelt: Als Mutter von drei Kindern zieht Petra ihre Kleinen an, putzt ihnen die Nase, bindet die Schuhe und so weiter. Doch als Ehefrau möchte sie von Rolf in den Mantel geholfen bekommen. Als Tochter von Hedwig kann es passieren, dass sie ihre Mutter fragt, ob sie ihr die Knöpfe annähen kann.

So, wie ich mich gebe, werde ich auch behandelt. Wenn ich mich bei meinen Eltern noch wie ein Kind benehme, kann es sein, dass ich auch wie ein Kind behandelt werde.

Wir haben verschiedene Rollen, als Ehemann, Chef, Vater, Bruder, Sohn, bester Freund, Arbeitnehmer, Ehefrau, Managerin, Mutter, Schwester, Tochter, beste Freundin und so weiter. Jede dieser Rollen nehmen wir auf die Art und Weise ein, die Sie jeweils auszeichnet.

Um das Puzzle zu sortieren, verschaffen Sie sich einen Überblick über Ihre Rollen. Werden Sie sich selbst bewusst, wer Sie alles sind, welche Fähigkeiten Sie haben und was Ihnen dabei wichtig ist.

Die folgende Übung bietet Ihnen die Möglichkeit, die verschiedenen Rollen zu sortieren. Lassen Sie sich überraschen, wie unterschiedlich Sie in Ihren verschiedenen Rollen sind.

Ein Beispiel: Brigitte ist Kosmetikerin. Als Kosmetikerin hat sie die Fähigkeit, Menschen mit Hautproblemen zu beraten und zu helfen. Dabei ist es ihr wichtig, dass sie schnell eine gute Lösung findet. Gleichzeitig ist sie die Partnerin von Peter. Hier hat sie die Fähigkeit, in Bezug auf Peter gelassen zu sein, also ihn in Ruhe zu lassen, denn Peter ist ein eigenständiger Mensch, der gern für sich ist. Es ist Brigitte wichtig, eine gute Partnerschaft zu leben. Brigitte hat in der Partnerschaft die Fähigkeit, gelassen zu sein. Im Beruf ist es ihre Stärke, gute Lösungen für die Kunden zu finden.

Übung

Meine Fähigkeiten erkunden

Ich bin

Meine Fähigkeiten in dieser Rolle sind

Und mir ist dabei wichtig, dass

Ich bin

Meine Fähigkeiten in dieser Rolle sind

Und mir ist dabei wichtig, dass

Ich bin

Meine Fähigkeiten in dieser Rolle sind

Und mir ist dabei wichtig, dass

Ich bin

Meine Fähigkeiten in dieser Rolle sind

Und mir ist dabei wichtig, dass

Schön, dass Sie sich die Zeit genommen haben, sich selbst bewusst zu werden, wie vielseitig Sie sind.

Vielleicht haben Sie mit dieser Übung eine neue Sichtweise gewonnen. In manchen Rollen sind wir stärker, in anderen schwächer.

Manchmal sind wir perfekt, manchmal chaotisch. Manchmal ist Perfektionismus praktisch: Die Wohnung ist immer aufgeräumt. An anderer Stelle ist er hinderlich: Die Wohnung muss immer aufgeräumt sein. Lernen Sie, Ihre Stärken zu schätzen, und überlegen Sie, wie Sie diese für andere Bereiche nutzen können. Jede »Schwäche« hat auch ihre Berechtigung. Finden Sie heraus, was daran für Sie positiv ist.

Sie könnten es zum Beispiel als Schwäche empfinden, dass Sie in bestimmten Bereichen keine Ordnung halten. Das Gute daran könnte sein, dass Sie die Zeit, die Sie dafür bräuchten, für sich und Ihre Familie nutzen. Ist das Glas halb voll oder halb leer? Es ist eine Frage der Sichtweise.

Wer Kinder hat, kennt es: Auf dem Fußballplatz sind sie unermüdlich, trainieren und entwickeln Ehrgeiz und Fleiß. Doch im Schulalltag werden genau diese Stärken nicht genutzt. Das Positive ist, dass der Ehrgeiz vorhanden ist. Wer Kindern positiv vermittelt, dass sie gute Anlagen zum Erfolg haben, wird erkennen, dass die Stärkung auch in anderen Bereichen wirkt.

Perspektivenwechsel

Bereits in der Antike war ein Perspektivenwechsel bekannt und geschätzt. »Gib mir einen Platz außerhalb der Welt, und ich kann sie aus den Angeln heben.«

Auf die Übung übertragen, liegt der Nutzen in der Beobachter-Rolle: Der Außenstehende ist in der Lage, die Situation zu betrachten und mit größerem Überblick zu verfolgen.

So wird es möglich, Muster in der Kommunikation aufzudecken und zu verändern, denn der Beobachter kann Ideen entwickeln, die den Beteiligten weiterhelfen können.

Der gezielte Wechsel der Wahrnehmungspositionen ermöglicht die vollständige Wahrnehmung einer Situation. So können Ressourcen und Lösungsansätze entdeckt, benannt und erarbeitet werden. Das erleichtert ein umfassendes Verständnis der Situation und ihre mögliche Veränderung.

Sie kennen diese Situation: Sie hören einem Freund von seinen Problemen mit seiner Frau reden. Er wundert sich, dass seine Frau ihn immer wieder mit ihren Vorstellungen von Familie, Urlaub und den Kindern überrumpelt. Sie hören zu und wissen sofort, was Sie an seiner Stelle tun würden. Das kann das Gespräch mit der Frau sein oder der Rat, sich extern Hilfe zu holen. Während des Gesprächs fällt Ihnen auf, dass Ihnen der Rat deutlich leichter fällt, wenn es um andere geht. Werden Sie durch die Methode des Perspektivenwechsels Ihr eigener Ratgeber.

Wie sähe die vorangegangene Übung aus, wenn Ihr bester Freund/ Ihre beste Freundin als Beobachter Sie in diesen Rollen hätte einschätzen sollen? Zu welchem Ergebnis kämen Ihr Partner, Ihre Kinder, Ihre Eltern? Es geht hier um Ihre persönliche Einschätzung, die Meinung der realen Person ist an dieser Stelle nicht erwünscht.

Brigitte, die Kosmetikerin, denkt, dass ihre Freundin Angelika sie als Partnerin von Theo als mutig erlebt, weil sie Peter viel Freiraum gibt.

Erst durch die Sichtweise der Freundin entdeckt sie, dass sie stolz auf ihren Mut sein kann.

Finden Sie auf diese Art und Weise heraus, was in Ihrem Leben noch eine Rolle spielt und wichtig ist.

Die Freund/in-Perspektive

Wenn ein/e Freund/in Ihr interner Ratgeber ist, nehmen Sie sich die Zeit und überlegen zunächst, wie diese Frau oder dieser Mann Sie im Leben wahrnimmt. Was schätzt er/sie an Ihnen und welches Verhältnis hat er/sie zu Ihnen?

Nun steigen Sie in die Schuhe Ihrer Freundin. Und mit Ihrer Einschätzung beantworten Sie folgende Fragen:

Sie/Er ist

Ihre/Seine Fähigkeiten als ...

Und ihm/ihr ist dabei wichtig, dass

Sie/Er ist

Ihre/Seine Fähigkeiten als ...

Und ihm/ihr ist dabei wichtig, dass

Sie/Er ist

Ihre/Seine Fähigkeiten als ...

Und ihm/ihr ist dabei wichtig, dass

Diese Perspektive zeigt Ihnen, dass es noch mehr Facetten gibt, die in Ihrem Leben eine Bedeutung haben.

Um zu sich selbst noch eine weitere Stufe der Distanz einzuführen, werden Sie jetzt Serienstar. Sie kennen es sicher: Freunden kann man alles raten, Sie wissen, was gut für sie ist. Auch bei einer allabendlichen Serie könnten Sie viele Tipps zur Situation geben. Betrachten Sie sich selbst »wie von außen«, dann kommen Ihnen auch hier neue Erkenntnisse über sich selbst.

Setzen Sie sich nun vor einen imaginären Fernseher und sehen Sie eine Serie, in der Sie die Hauptrolle übernehmen. Vielleicht hat die Serie auch einen Titel.

Übung

Die Hauptdarsteller-Perspektive

Was macht der Hauptdarsteller, wie lebt sie/er?

Welche Fähigkeiten zeichnen sie/ihn aus?

Was bedeutet es ihr/ihm, so zu leben?

Kurz gesagt: Sie/Er ist

Der Perspektivenwechsel, die Betrachtung durch die Augen der Freundin oder des Freundes oder durch die Augen der Rollenbeschreibung geben Ihnen die Möglichkeit, auch andere Stimmen in Ihnen zu Wort kommen zu lassen. Denken Sie daran: Es ist immer ein Teil von Ihnen dabei, wenn Sie aus der anderen Perspektive antworten.

Träume nicht vom Leben, sondern lebe deinen Traum.

Vielleicht sagen Sie jetzt: Das trifft schon voll und ganz auf mich zu. Dann überblättern Sie einfach die nächsten Fragen und wenden sich einem Thema zu, das für Sie interessanter ist.

Wenn Sie sich von diesem Satz angesprochen fühlen – »ja, das würde ich gern« –, dann lade ich Sie jetzt ein, darüber nachzudenken, wie dieses Leben aussehen würde, was anders wäre. Wie würden Sie sich verhalten, was wäre besser als heute, was würden Sie vermissen?

Damit dieser Traum in Erfüllung geht, gibt es die Möglichkeit, sich diesen als Ziel auszumalen. Dabei ist es wichtig herauszufinden, ob Sie wirklich wollen, dass er Wirklichkeit wird. Vorstellung schafft Wirklichkeit.

Man muss gut überlegen, was man sich wünscht.
Es könnte passieren, dass man es bekommt.

Übung

Reisen Sie in die Zukunft.

Planen Sie diese Übung, denn es gibt viele Aspekte, über die Sie nachdenken wollen. Und vielleicht fallen Ihnen selbst auch noch weitere Fragen dazu ein. Ich biete Ihnen einen Ausschnitt der möglichen Themen, doch nur Sie selbst entscheiden, was wirklich wichtig ist.

Wo sehen Sie sich in fünf oder in zehn Jahren? Stellen Sie sich vor, Sie könnten alles erreichen, hätten alle Möglichkeiten:

Wo sind Sie in der Zukunft?

- Was sehen Sie?
- Was hören Sie?
- Sind Sie allein oder gibt es andere Personen, die beteiligt sind?
- In welcher Umgebung befinden Sie sich?
- Was tun Sie?
- Was denken Sie?
- Worauf sind Sie dann stolz?
- Was bedeutet es Ihnen, hier zu sein?
- Wie fühlt es sich an?

Schreiben Sie nun Ihre Vision auf:

_____

_____

Um diese Vision zu erreichen, machen Sie aus der Vision, dem Wunsch ein konkretes Ziel. Formulieren Sie es konkret und so positiv wie möglich:

_____

_____

Die Art und Weise, wie Sie Ihr Ziel formulieren, hat Einfluss darauf, ob es Ihnen gelingt, dieses zu erreichen. Wenn Ihr Ziel ist, »nächstes Jahr mehr Geld zu haben«, und Sie dann in einem Jahr einen Euro mehr als heute auf dem Konto haben, hätten Sie Ihr Ziel erreicht. So denkt zumindest Ihr Gehirn. Deshalb gilt es, konkreter zu werden. Zum Beispiel: »Ich verdiene im nächsten Jahr 6 Prozent mehr.« Oder: »Ich passe in mein Lieblingskleid.«

Jede Reise beginnt mit dem ersten Schritt, doch wer nicht weiß, wo er hinwill, kann seine Ziele nicht erreichen.

Übung

Die Reise beginnt

Hier steht er wieder, der Koffer für Ihre Reise. Er ist gepackt. Sie haben alles, was Sie für die Reise ins Leben brauchen. Wir Menschen haben alle Ressourcen in uns. Es gilt, sie richtig zu verwenden, um ans Ziel zu kommen. Um die ersten Schritte gehen zu können ...

... werden Sie sich Ihrer Wünsche bewusst.

Bsp.: Ich würde so gern in mein schwarzes Kleid passen.

_____

Formulieren Sie daraus Ihre Ziele und finden Sie für sich heraus, was es bedeutet, wenn Sie Ihr Ziel erreicht haben.

Bsp.: Ich fühle mich wohl in meinem Körper.

_____

Formulieren Sie die Ziele, wenn möglich, schriftlich.

Bsp.: Ich wiege im Juli 70 Kilo.

_____

Prüfen Sie die Erreichbarkeit der Ziele. Will ich das wirklich oder spricht aus meiner Umwelt etwas dagegen?

Bsp.: Das schaffe ich und mein Mann unterstützt mich.

_____

Ist das Ziel realistisch?

Bsp.: Es ist möglich, in vier Monaten 5 Kilo zu verlieren.

_____

Lässt es sich mit meinen Werten vereinbaren?

Bsp.: Gesundheit bedeutet mir viel.

_____

Legen Sie, wenn nötig, Teilziele fest.

Bsp.: An Pfingsten habe ich schon 2 Kilo geschafft.

_____

Formulieren Sie die Ziele positiv.

Bsp.: Im Juli wiege ich 70 Kilo und habe mein schwarzes Lieblingskleid an.

_____

Bestimmen Sie die Rolle, in der Sie das Ziel erreichen wollen.

Bsp.: Als Frau von Thomas stehe ich mit ihm in diesem Kleid auf unserem Betriebsfest.

Was brauche ich jetzt aus meinem Koffer? Mein Wissen um die Ernährung. Den Mut, der mich in meinem Vorhaben stärkt. Und im Koffer ist eine große Tüte mit Durchhaltevermögen, die ich immer wieder herausholen kann.

Was ist in Ihrem Koffer, das Sie auf dem Weg zu Ihrem Ziel unterstützen wird?

Es ist Ihre Einstellung, die Ihr Verhalten lenkt. Nicht die Aussicht auf Ruhm oder Geld bringen uns weiter, sondern unser eigener Wille.

Was möchte ich für mich erreichen?

Klären Sie für sich, was Sie persönlich erreichen können. Wenn Sie die Wünsche Ihrer Mitmenschen befriedigen wollen, funktioniert die Zielarbeit nicht. Für meinen Partner mit dem Rauchen aufzuhören ist ein lobenswerter Entschluss. Doch wenn meine innere Stimme sagt: »Das willst du nicht wirklich«, ist die Umsetzung sehr mühsam.

Vater oder Mutter haben sehr häufig das Ziel, dass ihr Kind das Abitur schafft, doch hier liegt die Erreichbarkeit nicht in ihrer Hand.

Ihr Ziel könnte sein: Ich habe die Ruhe und Gelassenheit, mein Kind in seinem Tempo zu unterstützen.

Solange Sie sich verantwortlich für die Ordnung im Haus fühlen, brauchen Sie sich nicht zu wundern, wenn sie niemand anderes übernimmt.

Es ist Ihr Ziel und Sie übernehmen die Verantwortung. Dass sich andere beteiligen, ist dann ein Wunsch. Ihr Ziel könnte hier sein: Ich habe einen Plan erstellt, mit dem alle Beteiligten zufrieden sind, wie im Haus die Ordnung geregelt ist. Dabei gilt es, lösungsorientiert zu denken. Beachten Sie dabei: Ihr Ziel ist nicht gleich dem Ziel der anderen. Es vereinfacht das Miteinander, die Ziele der anderen mit einzubeziehen und zu respektieren. Ein Teilziel ist in diesem Fall: Ich spreche mit meiner Familie über meine Wahrnehmung in Bezug auf Ordnung.

Überlegen Sie, wer für was verantwortlich ist, dann ist die Erreichbarkeit der Ziele leichter.

MOTIVATION

Motivation bedeutet für viele, jemand anderen dazu zu bewegen, etwas zu tun, von dem man selbst möchte, dass er es tut. Das ist keine wirkliche Motivation.

Da ist Ordnung wieder ein gutes Beispiel. Solange Sie Ihre Familie dazu auffordern, Ordnung zu halten, ist niemand ernsthaft motiviert.

Motivation sagt etwas darüber aus, was mich wirklich treibt, wofür es sich lohnt, sich anzustrengen. Nur wer etwas wirklich erreichen will, nimmt diese Anstrengung auf sich.

Sie möchten zum Beispiel im Sommerurlaub fließend Spanisch sprechen können, um sich besser zu verständigen.

Ist Ihnen das viel wert, lohnt es sich, diesen Weg zu beschreiten. Die Motivation, das Ziel zu erreichen und mit Einheimischen sprechen zu können, ist hoch. So können Sie durchhalten.

Von Natur aus sind die Menschen fast gleich; erst die Gewohnheiten entfernen sie voneinander.

Konfuzius

Hier ist die Gelegenheit festzustellen, wo Ihnen die Motivation fehlt. Überprüfen Sie an dieser Stelle, wie Ihre Motivation in Bezug auf das Ziel, das Sie damit erreichen wollen, aussieht. Das kann ein bestimmtes Gewicht, ein gesunder Körper, ein neuer Job oder Gelassenheit im Umgang mit Kindern oder dem Partner sein.

Zigaretten, Alkohol und Süßigkeiten sind oft zu einer lieben Gewohnheit geworden. Immer wieder geht es in Gesprächen darum, sich zu »motivieren«, diese Gewohnheiten zu lassen. Doch Disziplin ist eine schwache Waffe gegen die Macht der Gewohnheiten.

Erst wenn Sie für sich geklärt haben, was Sie damit erreichen wollen, strebt Ihr Inneres zu Gesundheit oder Fitness. Das Weglassen von Zigaretten ist dabei nur ein Nebeneffekt.

Die persönliche Motivation liegt am richtigen Formulieren und Setzen von erreichbaren Zielen. Die positive Formulierung ist dabei das Entscheidende: Also weder NEIN noch KEIN in der Zielformulierung. Ein »ich möchte, sollte oder könnte« klingt auch nicht wirklich überzeugend.

Wohin geht meine Reise?

GROSSES KINO

Spieglein, Spieglein an der Wand, wer ist die Schönste im ganzen Land? Erinnern Sie sich noch an Schneewittchen? Der Spiegel konnte sprechen und der Stiefmutter Tipps geben. Zum Beispiel, wo sie Schneewittchen findet. Und er war ehrlich, er schmeichelte weder der Stiefmutter noch verschwieg er Schneewittchens Aufenthaltsort.

Im Film

Um herauszufinden, wie wir sind, befragen die einen den Spiegel, die nächsten den Freund. Manche befragen die Mutter, manche denken, ich möchte es für mich allein herausfinden, keiner kennt mich so wie ich mich selbst. Der Spiegel ist der Wechsel der Sichtweise, die in der nächsten Übung im Kino stattfindet. Sie haben schon die kurze Variante der Fernsehserie kennengelernt. Hier ist nun die lange Variante, der Spielfilm:

Stellen Sie sich vor, Sie hätten eine DVD, die als Titel Ihren Namen trägt. Vielleicht ist auch ein Bild einer Szene auf dem Cover zu sehen oder ein Foto des Hauptdarstellers. Es ist die Verfilmung Ihrer Biografie.

Nehmen Sie sich jetzt die Zeit, den Text, der auf der DVD stehen könnte, zu überlegen.
Worum geht es in diesem Film?
Was ist das Besondere daran?

Die DVD enthält vielleicht mehrere Folgen, die mit unterschiedlichen Überschriften den jeweiligen Abschnitt erahnen lassen.

Machen Sie es sich jetzt gemütlich, holen Sie einen Tee oder Kaffee, ein Glas Wasser. Vielleicht gehört auch eine Decke in Ihr persönliches Puschenkino.
Starten Sie nun innerlich den Film.

Wer ist zu sehen, welche Filmmusik kommt Ihnen in den Sinn?
Vielleicht ist der Film schwarz-weiß oder in Farbe und je nachdem, was Sie betrachten, können Sie den Ton an- oder ausmachen, die Farben heller oder dunkler, matter oder kräftiger regeln. Die Fernbedienung ermöglicht es Ihnen, auch vor und zurück zu spulen, das Standbild zu betrachten und, wenn Sie möchten, hineinzuzoomen.
Vielleicht fängt der Film schon vor der Geburt des Hauptdarstellers an. Sie bestimmen, welche Szenen Ihnen wichtig sind.

Lassen Sie den Film laufen. Von der Kindheit über die Schulzeit, Berufsleben, Pubertät, eventuelle Krisen. Das Verhältnis zur Ursprungsfamilie, zu den Eltern, Geschwistern, Verwandten, zu Freunden.

Vielleicht sind auch noch andere Personen beteiligt, die eine große Rolle in diesem Film spielen. Betrachten Sie die Kommunikation des Hauptdarstellers mit den anderen.
Was erkennen Sie, wenn Sie den Hauptdarsteller betrachten?
Schauen Sie sich in den Ihnen wichtigen Szenen um.

- Was erkenne ich aus der Zuschauerposition?
- Wer ist beteiligt?
- Was macht den Hauptdarsteller aus?
- Was ist für den Hauptdarsteller wichtig?
- Was weiß er nicht?
- Was könnte er noch lernen?
- Welche Fähigkeiten hat er erworben?
- Welche hat er genutzt?
- Welche könnte er in einem anderen Zusammenhang gebrauchen?
- Was kann er wo besonders gut?
- Wo sind die Stärken?
- Wie sehen die Schwächen aus?

Spulen Sie den Film – je nachdem, in welchem Abschnitt Sie die wichtigen Szenen finden – vor oder zurück. Gibt es Ähnlichkeiten in der Vergangenheit und in der Gegenwart? War es früher anders? Wie hat er sich im Laufe der Zeit entwickelt? Was war anders, was war besser, was war schlechter, was ist gleich? Schauen Sie die einzelnen Sequenzen zu den Themen an, schauen Sie, was Sie wiedererkennen.

- Ernährung – Was beobachten Sie beim Essen/Trinken?
- Gesundheit – Wie ist das Verhalten in puncto Gesundheit?
- Fitness – Ist dieser Punkt erwähnenswert?

- Was ist der Bereich Gesundheit und Fitness dem Hauptdarsteller wert?
- Partnerschaft/Beziehungen – Welche Rolle hat er?
- Erziehung/Kinder/Eltern haben/Eltern sein – Wie sieht seine Rolle in der Familie aus?
- Beruf/Schule/Weiterbildung – Wo lagen/liegen seine Stärken?
- Soziale Kompetenz – Wie steht es um seine Kommunikation?
- Kreativität – Wo liegen seine Interessen?
- Hobby und Urlaub – Wie verbringt er seine Freizeit?
- Glaubens- und Sinnfragen – Wovon ist er überzeugt?

Notieren Sie sich alles, was Ihnen an diesem Film auffällt, was Sie aus der Warte des Kinogängers erkannt haben. Im Laufe der folgenden Kapitel werden diese Fragen in anderen Zusammenhängen wieder auftauchen, die Ihr Bild von sich selbst vervollständigen.

DIE PYRAMIDE DER ERKENNTNIS

Mit Persönlichkeit meint man landläufig, die bei jedem Menschen besonderen Ausprägungen seelischer Eigenschaften. In der psychologischen Forschung versucht man den wertenden Beiklang beiseitezulassen.

In der Psychoanalyse gilt die Persönlichkeit als Ausdruck der Anpassungsleistungen des ICH nach innen und außen.

In anderen Persönlichkeitsmodellen spielen vor allem zu Gewohnheiten gewordene Verbindungen von Reizen und Reaktionen, die durch Bekräftigung erworben werden, eine Rolle.

Die meisten Persönlichkeitstheorien unterscheiden zwischen den intellektuellen und emotionalen Seiten der Persönlichkeit.

Für alle Veränderungen gilt Einsteins Grundgedanke: Wir können ein Problem nicht auf der gleichen Denkebene lösen, auf der es erscheint, sondern nur auf einer höheren Ebene. Um diesen Gedankengang zu verstehen, um mögliche Lösungen oder Erkenntnisse zu finden, bestimme ich mit Ihnen zunächst die Ebenen:

Meine Umwelt:
Sie können sich selbst wie eine Pyramide wahrnehmen. Die unteren Steine, das Fundament, bedeuten Ihre Umwelt. Alles, was wir tun, findet in einem Zusammenhang statt. Also die äußeren Umstände und Bedingungen, in denen wir uns befinden, beispielsweise Orte, Zeitpunkt, andere Personen, Objekte.

Ihre Frage an sich selbst dazu:
Wo und in welcher Situation befinde ich mich, wer ist beteiligt, was für Bedingungen liegen vor?

Mein Verhalten:
Die zweite Ebene der Pyramide besteht aus Ihren Verhaltensweisen, die sichtbar werden, also wie Sie agieren oder reagieren. Zum Beispiel mit Bewegungen, Mimik, Gestik, Stimme, Körperhaltung und so weiter.

Ihre Frage an sich selbst:
Was tue ich?

Meine Fähigkeiten:
Die dritte Ebene beschreibt die Prozesse, die in Ihnen ablaufen. Diese sind nicht sichtbar, nur indirekt erfahrbar durch Beobachten des Verhaltens.

Ihre Frage an sich selbst:
Welche Fähigkeiten und Stärken habe ich, wie schaffe ich es? Wie führe ich meine Handlungen aus? Was kann ich gut?

Meine Werte:

Hier geht es um Ihre Einstellungen, Überzeugungen, Ihre Motive und den bewerteten Erfahrungen, die den Handlungen zugrunde liegen. Dabei ist wichtig, dass jeder Mensch eine ganz eigene Wertehierarchie hat.

Es kann durchaus sein, dass Ihnen Perfektionismus in Bezug auf Ihren Beruf viel wert ist, in den eigenen vier Wänden jedoch keine Bedeutung hat.

Ihre Frage an sich selbst:
Was ist mir in dieser Situation wichtig, wofür setze ich mich ein, warum und wofür mache ich etwas, was motiviert mich, was treibt mich an?

Meine Identität:

Die Ebene der Identität beinhaltet Ihr Selbstbild und die Vorstellungen, die Sie von sich haben. Hier kommen alle Erfahrungen zusammen. Und die Rolle, die Sie in der Gesellschaft einnehmen.

Ihre Frage an sich selbst:
Was denke ich über mich, wer bin ich und welche Rollen gehören zu mir?

Meine Vision:

Hier kommt die Frage nach dem Sinn des Lebens, dem höheren Zusammenhang. Das kann eine Verankerung im Glauben, aber auch in der Natur, dem Universum oder in der Menschheit gesamt sein.

Ihre Frage an sich selbst:
Zu was fühle ich mich jetzt zugehörig?

Mögliche Veränderung:
Überlegen Sie hier auch, wo Sie sich verändern wollen.

Eine Veränderung ist nur möglich, wenn Sie sich klar werden, worum es Ihnen geht.

Wenn sie etwa das Rauchen lassen wollen, ist es wenig hilfreich, stattdessen zu essen. Das wäre eine Veränderung auf der Verhaltensebene.

Sollte es Ihnen um Gesundheit gehen, dann ist dies ein Wert, für den es sich lohnt nachzudenken: Wie komme ich rauchfrei zu Gesundheit?

Ihr Gehirn braucht klare Vorgaben, programmieren Sie es auf Erfolg durch eine positive Einstellung.

LERNEN VON ANDEREN

Vielleicht haben die vorangegangenen Sichtweisen schon die eine oder andere Erkenntnis gebracht, die Sie erst einmal ausprobieren möchten.

Und vielleicht habe Sie dabei etwas entdeckt, das verbessert gehört. Oder die Erkenntnis: So will ich sein.

Eine Möglichkeit, etwas zu verändern, ist, sich anzuschauen, wie andere Dinge machen, die wir können wollen, um daraus zu lernen.

Wir brauchen in allen Bereichen des Lebens Modelle oder Vorbilder. Der Architekt verwendet ein Modell, um die Kathedrale oder das Haus dem potenziellen Käufer als Miniatur zu präsentieren. Die Modedesigner verwenden lebende Kleiderständer, die man Model nennt, um die neue Kollektion dem interessierten Publikum zu präsentieren.

Lebende Vorbilder sind Vater, Mutter, Geschwister, denn kleine Kinder orientieren sich an dem, was die Großen machen, kopieren es und wiederholen dieses Verhalten. Würden alle Menschen krabbeln, ist es unwahrscheinlich, dass die Nachkommen das Laufen probieren.

Beim aktiven Modellieren von Vorbildern schaut man sich die bewussten und unbewussten Strukturen und Strategien, die hinter einem erfolgreichen Verhalten stehen, an. Auf diese Art und Weise können wir beobachten, was genau dieses Modell an sich hat, was wir noch lernen möchten. Und dieses erkannte Verhalten können wir dann auch für uns selbst anwenden.

Das bedeutet nicht, dass man diese Person kopiert. Man beobachtet sie unter einem bestimmten Aspekt, den man selbst für wichtig ansieht.

Dieses Wissen können Sie jetzt in der folgenden Übung aktiv anwenden.

Suchen Sie sich eine Person für etwas aus, die etwas an sich hat, das Sie bewundern, können möchten oder schon immer wissen wollten. Was hat die oder der so an sich, dass sie oder er es auf eine bestimmte Art und Weise macht oder kann? Das kann Ihr bester Freund, aber auch Brad Pitt oder der Dalai Lama sein. Was beeindruckt Sie? Was ist so speziell, dass ich es auch gern hätte? Was möchte ich von meinem Vorbild lernen?

Dazu gibt es Fragen, die ich mit einem Beispiel vervollständige. Sie können dann die Fragen für die Person, die Sie ausgesucht haben, beantworten.

Ein Beispiel: Sie sind begeistert vom hervorragenden Auftritt des Bundestrainers bei der letzten Pressekonferenz. Besonders der souveräne Umgang mit den Fragen der Journalisten begeistert Sie. Durch nichts lässt er sich aus der Ruhe bringen. Wie schafft er es, dass er so gelassen reagieren kann?

Fragen an das Modell:
Wann und wo beziehungsweise in welcher Situation zeigt das Modell das Verhalten?

Als Sprecher der Mannschaft nach einem Spiel im Presseraum.

Was genau tut das Modell, welche Sprache, Verhaltensweisen, Gestik, Mimik und so wieter setzt es ein?

Er hat Blickkontakt zu den Journalisten, eine offene Körperhaltung, antwortet sachlich auf die Fragen, nickt bestätigend. Zwischenrufe nimmt er mit einem Nicken wahr.

Wie macht das Modell das? Welche Fähigkeiten und Strategien nutzt es?

Er hört aufmerksam zu, beantwortet die Fragen konkret, stellt Kontakt zu den Fragenden her, er geht auf die Fragen ein und gibt überlegte Antworten. Er nickt bei Zwischenrufen, signalisiert, dass er verstanden hat, was gerufen wurde.

Weshalb tut er es so? Was ist ihm wichtig?

Der Bundestrainer ist überzeugt, dass seine Mannschaft gute Arbeit geleistet hat, und stellt dieses sachlich mit Fakten belegt dar. Er glaubt, dass die Journalisten an der Sache interessiert sind, und beantwortet die Fragen mit Sorgfalt, damit die Berichterstattung korrekt ist.

Wie sieht sich das Modell, welche Rolle nimmt es ein?

Sprecher der Nationalelf

Durch die Beobachtung können wir feststellen, dass der Bundestrainer in seiner Rolle als Sprecher der Mannschaft sachlich und konzentriert die Berichterstattung unterstützt. Das Wissen um die Mannschaft lässt ihn ruhig und klar wirken. Wir können daraus lernen, dass wir mit Ruhe und Klarheit authentisch die Fakten, von denen wir überzeugt sind, vortragen können.

Übung

Lernen von anderen

Jetzt zu Ihnen.

- Wen möchten Sie als Modell wählen?
- Und was möchten Sie von diesem Modell lernen?
- Ihre Fragestellung:
- Wann und wo beziehungsweise in welcher Situation zeigt das Modell das Verhalten?
- Was genau tut das Modell, welche Sprache, Verhaltensweisen, Gestik, Mimik und so weiter setzt es ein?
- Wie macht das Modell das? Welche Fähigkeiten und Strategien nutzt es?
- Weshalb tut das Modell es so? Was ist ihm wichtig?
- Wie sieht sich das Modell, welche Rolle nimmt es ein?
- Was lernen Sie für sich daraus?
- Wann und wie könnten Sie Ihre Erkenntnisse anwenden?

Dieser Prozess erkundet Strukturen und Strategien, die andere »erfolgreich« machen. Die Betrachtung von außen gibt neue Sichtweisen für neue Handlungen. Wir orientieren uns an Menschen, die uns in irgendeiner Weise ähnlich sind. Vorbilder haben oft gleiche Vorzüge und Eigenschaften. Das heißt für diese Übung, dass Sie Stärken entdecken, die auch in Ihnen vorhanden sind.

ERKENNTNISSE UMSETZEN

Wir wissen eine Menge über uns, nur sind wir uns dessen nicht (mehr) bewusst. Unser Gehirn hat alles gespeichert. Sie können sich das Gehirn wie einen Computer vorstellen. Vieles ist in Dateien abgelegt. Manches tief in einer Unterdatei versteckt.

Kann ich noch den Zitronensäurezyklus erklären, spreche ich noch Französisch, erinnere ich mich noch, was ich über Bismarck weiß? Und wie ging denn noch Schillers Glocke? Es ist gespeichert und nicht sofort abrufbar, doch wir erinnern uns noch an das Schlagwort, unter dem wir es abgelegt haben, und dass wir es aktiv gewusst haben.

Steht das Zitat »Auge um Auge, Zahn um Zahn« im Raum, sitzen Sie vielleicht innerlich wieder im Konfirmandenunterricht und wissen nicht, weshalb. Da war etwas. Ja genau, Sie haben damals die Bergpredigt besprochen. Die Worte waren unter der Datei »Konfirmation« abgespeichert.

Ähnlich ist es auch mit den Gefühlen, sie bleiben gespeichert und kommen in verschiedenen Situationen wieder. Wenn Sie Ihr Gehirn wie einen Computer begreifen, ist die Selbsterkenntnis das Sichten und Ordnen der Dateien. Wo habe ich das erste Mal eine Zigarette gespeichert?

Ist es mit dem angenehmen Geruch verbunden, der von meinem Opa ausging, als ich damals in der Küche der Großeltern saß? Oder war es im Garten mit dem großen Bruder, als wir hustend mit Schuldgefühlen unsere ersten Schritte in eine vermeintliche Welt der Erwachsenen gingen? So oder ähnlich wurde es vielleicht sogar zur Gewohnheit.

»Im Grunde meines Herzens möchte ich mit dem Rauchen aufhören« bedeutet, dass Sie durchaus wissen, dass es nicht gesund ist, der Haut und den Lungen schadet, Sie nur noch keinen Weg gefunden haben, damit aufzuhören. Hören Sie auf sich, auf das, was Sie wirklich wollen.

Andererseits kann der Satz auch lauten: »Im Grunde meines Herzens möchte ich nicht aufhören.« Hier ist Nikotin positiv besetzt und die Freude über den Rauchgenuss deutlich höher als die wohlgemeinten Ratschläge von Freunden oder Verwandten. Sollten in diesem Fall gesundheitliche Beschwerden auftreten und der Genuss aus medizinischer Sicht eingeschränkt werden, gibt es Möglichkeiten, diese positiven Konditionierungen wieder aufzulösen.

Yes, we can

Es ist ein geflügeltes Wort geworden: Wenn wir wollen, erreichen wir alles. Ob es eine neue Regierungsform oder ein zufriedenes Miteinander ist, macht keinen Unterschied. Das Entscheidende ist, dass wir es wollen.

Planen Sie die Umsetzung Ihrer Ziele. Sollten Sie diese Zeilen lesen, sind Sie motiviert, Ihr Interesse ist geweckt und Sie haben entschieden, sich mit sich selbst zu beschäftigen. Sie sind anderen viele Schritte voraus. Sie haben Ihre Ziele kennengelernt, erfahren, wie andere mit ihren Überzeugungen umgehen, und haben sich mit Ihren eigenen Erkenntnissen aus den verschiedenen Lebensbereichen auseinandergesetzt.

Bei einer Tasse Tee oder Kaffee haben Sie eventuell die Erkenntnis gewonnen, dass Sie mehr Stärken haben, als Sie geglaubt haben, und möchten diese ausbauen. Es kann auch sein, dass Sie aus den Augen eines Bekannten gesehen haben, dass Sie mit mehr Ruhe und Gelassenheit mehr erreichen können.

Wenn Sie eine Veränderung möchten, dann gehen Sie einen ersten Schritt. Sie haben Ihre eigene Landkarte studiert, jetzt kann die Reise beginnen.

Legen Sie fest, womit Sie beginnen möchten. Was ist der erste Schritt, wann will ich diesen Schritt gehen und was brauche ich dafür, was könnte mir helfen?

Entwickeln Sie einen persönlichen Plan, den Sie Schritt für Schritt abarbeiten, um zu dem zu gelangen, das Sie für sich erreichen wollen. Überlegen Sie, was Sie für die einzelnen Schritte brauchen. Bei einem ist es die Fähigkeit, gelassen zu sein, beim anderen der Mut, mit etwas anzufangen. Schauen Sie dabei auf Ihre Stärken, die Sie bisher schon entdeckt haben, die Ihnen in anderen Situationen helfen werden. Um sich an diese Stärken zu erinnern, ankern Sie diese Stärken wie in Übung (Seite 71) beschrieben.

Nehmen Sie sich dafür Zeit.

Ihre Gedankenlandkarte

Mit der Methode des Mindmappings ist es ganz leicht, Ihre Ideen zu strukturieren und zu visualisieren. Im Gegensatz zu den Notizen, die Sie sich gemacht haben, werden die Gedanken gehirnfreundlich und bildhaft dargestellt. Sie erkennen auf andere Art und Weise Ihre Stärken und Ziele. Eine Mindmap gibt Ihnen auch die Möglichkeit der Erweiterung. Dabei ist es hilfreich, mit verschiedenen Farben zu arbeiten und so Ihre Kreativität zu steigern.

Die persönliche Bilanz von Teil 1 ist hier der erste Schritt. Die unterschiedlichen Themen der Tests von Teil 2 können Sie hier als Erweiterung nutzen oder ein neues Schaubild erstellen. Hier sind Sie selbst im Mittelpunkt und so sind auch die Beispiele gestaltet. Im Anhang finden Sie noch eine leere Mindmap für neue Sichtweisen.

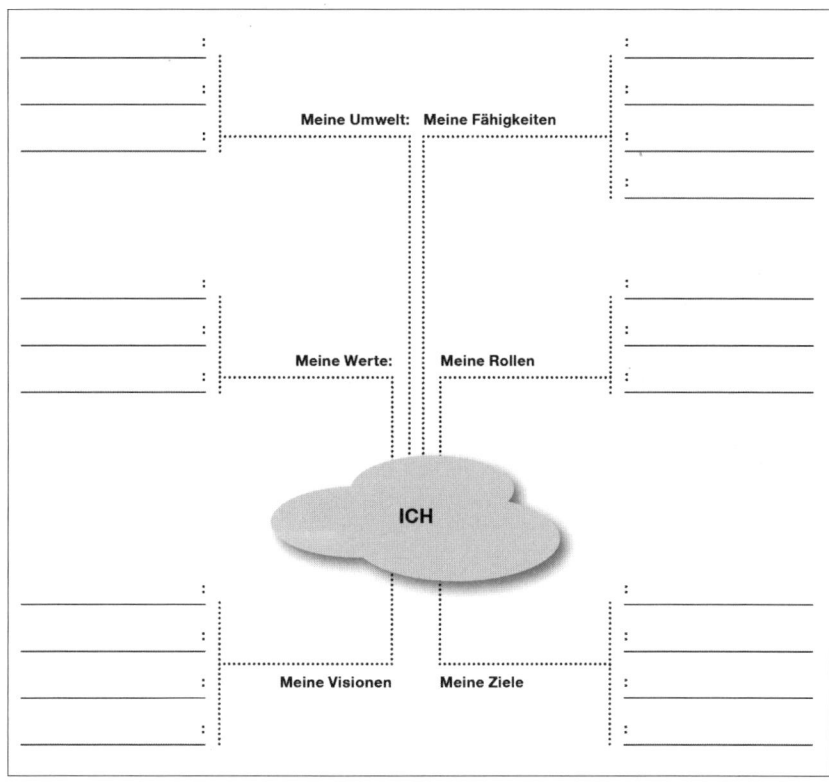

Der Blick in den Spiegel

(Als Beispiel dient hier eine Frau. Der Text ist aber problemlos auf einen Mann übertragbar.)

Eine Frau schaut in ihren Spiegel.

Sie ist 3 Jahre alt: Sie schaut sich an und sieht eine Königin.

Sie ist 8: Sie schaut sich an und sieht Aschenbrödel oder Dornröschen.

Sie ist 15: Sie schaut sich an, sieht Aschenbrödel, Dornröschen, eine »Cheerleaderin«, eine Schauspielerin oder, wenn es einer ihrer schlechten Tage ist, sieht sie sich dick, hässlich, voller Pickel und sagt: »Mama, so kann ich nicht in die Schule gehen.«

Sie ist 20: Sie schaut sich im Spiegel an und sieht sich zu dick/zu dünn, zu klein/zu groß, mit zu gradem/zu krausem Haar, aber beschließt, trotzdem loszugehen!

Sie ist 30: Sie schaut sich im Spiegel an und sieht sich zu dick/zu dünn, zu klein/zu groß, mit zu gradem/zu krausem Haar, aber beschließt, dass sie keine Zeit hat, es zu richten, und sie geht trotzdem los!

Mit 40: Sie schaut sich im Spiegel an und sieht sich zu dick/zu dünn, zu klein/zu groß, mit zu gradem/zu krausem Haar, aber sagt sich, dass sie mindestens sauber ist und geht trotzdem los!

Sie ist 50: Sie schaut in den Spiegel und denkt: »Das bin ich!«, lächelt und geht da hin, wohin sie will.

Mit 60: Sie sieht sich im Spiegel an, denkt daran, dass manche gar nicht mehr in den Spiegel schauen können, lächelt und zieht los, um die Welt zu erobern!

Mit 70: Sie sieht sich im Spiegel und sieht Erfahrung, Gewandtheit, sie lächelt und zieht los, um das Leben zu genießen!

Mit 80: Sie schaut gar nicht mehr in den Spiegel, setzt ihren kleinen lila Hut auf und zieht los, nur um die Freude zu haben, die Welt zu sehen!

WIR SOLLTEN ALLE UNSEREN KLEINEN LILA HUT VIEL, VIEL FRÜHER NEHMEN!

Die Schönheit liegt nicht an den Kleidern oder dem hübschen Gesicht oder an der Frisur.
Die Schönheit muss man vor den Augen sehen, weil diese die Türen zu Ihrem Herzen sind, da, wo die Liebe wohnt.
Die Schönheit hat nichts mit einem hübschen Muttermal, geschickt auf der Oberlippe platziert, zu tun.
Die wahre Schönheit kommt von der Seele.
Die Liebe, die wir schenken, die Leidenschaft, die wir zeigen, und die Jahre, die vergehen, das macht uns umso schöner.

Quelle: Unbekannt

TEIL 2:
TESTS, ÜBUNGEN UND TIPPS

Mit Tests können Sie sich in diesem Teil spielerisch selbst einschätzen. Es sind einfache und simple Fragen, die Sie zum Nachdenken und Reflektieren Ihrer persönlichen Situationen bringen sollen. Übungen und Tipps zum Thema runden die Kapitel ab.

KENNEN SIE IHR WAHRES ICH?

Test: *Kenne ICH mein wahres Ich?*

Dieser Test kann Ihnen erstaunliche Erkenntnisse über Sie selbst vermitteln und Sie, wenn Sie es wollen, veranlassen, Ihren Lebensstil zu ändern:

1. Welche dieser Bezeichnungen trifft am besten auf Sie zu?
a) ein Mensch, der sich führen lässt
b) ein Naturtalent einer Führungspersönlichkeit
c) ein Massenmensch

2. Wie sehen Sie sich als Kind?

a) als Träumer und Einzelgänger

b) ganz natürlich, mit Freude an Spiel, Sport und kleinen Späßen

c) als kleiner Angeber

3. Was bereitet Ihnen die größte Befriedigung?

a) über Geschehnisse und Dinge zu lesen

b) selbst etwas zu unternehmen

c) andere Leute bei Erlebnissen zu beobachten

4. Was, glauben Sie, führt zu dauerhaftem Glück?

a) früh im Leben seine eigenen Grenzen zu erkennen

b) die Arbeit zu tun, die man am liebsten tun möchte

c) viele Freunde zu haben

5. Welche dieser folgenden Fragen möchten Sie am liebsten in der Öffentlichkeit nicht beantworten?

a) Was genau haben Sie bisher im Leben erreicht?

b) Welches sind Ihre größten Enttäuschungen?

c) Haben Sie ein geheimes Laster?

6. Welche dieser »Todsünden« treffen auf Sie am ehesten zu?

a) Neid

b) Faulheit

c) Stolz

7. Finden Sie es leicht, an den kleinen Freuden des Lebens Zufriedenheit zu finden – etwa ein gutes Essen, ein erlebnisreicher Spaziergang, Vogelgesang, Kindern beim Spielen zuzusehen?

a) nicht wirklich

b) ja, fast immer

c) nur, wenn sie entspannend sind

8. Wie oft am Tag denken Sie darüber nach, was wer wohl über Sie denkt, Ihre Handlungen, Ihr Äußeres?

a) häufig

b) vielleicht einmal

c) gar nicht

9. Was möchten Sie am liebsten sein?

a) Erfolgsmensch in einer bestimmten Sportart oder auf einem bestimmten Arbeitsgebiet

b) jemand, der wegen seiner »Wohltaten« bekannt ist

c) ein unentbehrlicher Teil eines anderen Menschen – Ehepartner, Kind, Verwandter, Mentor, Freund

10. Was würden Sie als Lebensziel wählen?

a) einfach glücklich zu sein

b) an allem Lebensfreude haben und hundertprozentig das Leben auszukosten

c) geliebt zu werden

Punkteverteilung:

1. a) 7, b) 9, c) 5	**2.** a) 8, b) 15, c) 6	**3.** a) 4, b) 12, c) 6
4. a) 14, b) 12, c) 10	**5.** a) 9, b) 10, c) 3	**6.** a) 4, b) 2, c) 3
7. a) 6, b) 15, c) 10	**8.** a) 5, b) 9, c) 12	**9.** a) 12, b) 14, c) 10
10. a) 9, b) 15, c) 8		

Testauswertung:

120 Punkte: Sie sind anscheinend ein Mensch, der die Lebenskunst vollauf beherrscht – oder? Bei dieser Punktezahl scheinen Sie perfekt zu sein. Hand aufs Herz. Waren Sie aus dem einen oder anderen Grund nicht ganz ehrlich mit sich selbst? Wenn nein, versuchen Sie es gerne noch mal! Dann kommen Sie wahrscheinlich eher auf den Weg der richtigen Selbstanalyse, die Ihnen zeigt, warum Sie eigentlich spitze sein müssten.

110–119 Punkte: Sie sind wirklich ein glücklicher, zufriedener, ausgeglichener Mensch, tolerant gegenüber Ihren eigenen Fehlern und denen anderer; selbstsicher, dauerhaft – und dennoch angenehm menschlich. Sie greifen nach den Sternen, sind aber auch mitunter mit einer weißen Wolke am blauen Himmel zufrieden. Sie wollen das Beste vom Leben, aber ohne andere zu verletzen, und sind daher auch zufrieden mit etwas weniger.

100–109 Punkte: Eine Spur Selbstzweifel nagt an Ihrer Lebensfreude, Ihren Möglichkeiten, Herausforderungen und Erfolgen. Das ist bedauerlich, denn Sie haben eine überdurchschnittliche Fähigkeit, das Leben anzupacken, und sind voller Schwung und Unternehmungslust. Sie sollten nach der Ursache forschen, warum Sie manchmal das Selbstvertrauen vermissen lassen, das Sie benötigen. Frauen unterschätzen sich immer noch oft, aber Sie haben es, wie Sie im Grunde des Herzens wissen, gar nicht nötig.

80–99 Punkte: Hin und wieder erreichen Sie ein Gefühl der Ausgeglichen- und Zufriedenheit, was für Sie schon viel ist. Nicht jeder kann immer oben sein, aber Ihr Platz liegt ohne Zweifel in etwas höheren Regionen, und da gehören Sie auch hin. Andererseits haben Sie keinerlei Illusionen über Ihre Fähigkeiten und Ausstrahlungskraft.

50–79 Punkte: Sie könnten mehr Freude am Leben haben, wenn Sie Ihre Ängste, Unsicherheiten, Ihren Neid auf andere, erfolgreichere Menschen überwinden würden. Lassen Sie sich nicht das Leben verderben, Sie sind es nicht wert. Sprechen Sie über sich mit anderen.

Unter 50 Punkte: Sind Sie nicht etwas zu hart mit sich? Versuchen Sie es noch mal in einer anderen Stimmung und/oder machen Sie die folgende Übung.

Übung

Sie können das Gefühl von Lebensfreude immer mit sich tragen. Gehen Sie gedanklich in Ihrem Lebenskino zu einem Punkt, an dem Sie dieses Gefühl vielleicht schon einmal hatten. Was konnten Sie dort besonders gut? Nehmen Sie dieses positive Gefühl in sich auf. Vielleicht haben Sie auch ein Symbol für dieses Gefühl. Malen Sie das Symbol, nehmen Sie es auf Ihre Art und Weise in sich auf. Und immer wenn Sie es brauchen, können Sie es für sich wieder aufrufen und dieses Gefühl für eine andere Situation verwenden.

Lassen Sie sich überraschen, wie viel zufriedener Sie sein werden.

Ihr wahres Ich kennen natürlich nur Sie. Sie sind nicht von heute auf morgen zu dem geworden, der Sie sind, und es gibt zahlreiche Möglichkeiten der eigenen Betrachtung. Vor allem wenn Sie sich über etwas geärgert haben und dann einen Test zur Bestätigung machen: »So bin ich doch nicht«, oder: »Kann es sein, dass an den Vorwürfen ein Körnchen Wahrheit liegt?« Nutzen Sie die Chance, sich immer wieder zu befragen, dann werden Sie Ihr bester Coach.

TIPPS

- Nehmen Sie sich Zeit für Sich.
- Planen Sie Ihre Treffen mit sich selber zur Selbsterkenntnis und Reflexion.
- Sprechen Sie über sich.

WIE BIN ICH?

Was haben Sie Typisches, das Sie unverwechselbar macht? Was haben Sie für Stärken, welche Schwächen kennen Sie schon, welche möchten Sie nicht missen und welche möchten Sie vermissen?

Listen Sie in dieser Übung Ihre Stärken und Schwächen auf, denn nur die Förderung der Stärken lässt die sogenannten Schwächen in den Hintergrund treten.

- Meine Stärken:
- Meine Schwächen:
- Was lernen Sie für sich daraus?
- Wie wären Sie, wenn Ihnen eine gute Fee einen Wunsch erfüllen würde?

Test: Mein PQ

Ihren IQ zu testen, ist eine Möglichkeit, Ihre Intelligenz festzustellen. Das Ergebnis ist nicht immer zuverlässig und Sie werden wenig darüber erfahren, was für ein Mensch Sie sind.

Dies hier ist ein Test, mit dem Sie Ihren Persönlichkeitsquotienten, den sogenannten PQ, finden können. Der Test basiert auf psychologischen Erkenntnissen, um nicht isoliert Ihre geistige Intelligenz zu messen, sondern Ihre Persönlichkeit einzuschätzen und herauszufinden, wie erfolgreich Sie als Mensch und soziales Wesen sind.

Wenn Sie den Geist der Fragen erfassen – und sie aufrichtig beantworten, erhalten Sie Ihren wahren PQ. So können Sie Ihr Erfolgspotenzial im Lebensalltag ermitteln.

Sie brauchen sich nur für eine Antwort auf jede Frage zu entscheiden und die Zahl dahinter anzukreuzen.

1. Wie zuversichtlich sind Sie, bis zum Ende dieses Tests zu kommen?

nicht sehr	30 Punkte
vollkommen	91 Punkte
einigermaßen	57 Punkte
unsicher	22 Punkte

2. Was brachte Sie dazu, sich diesen Test anzusehen und ihn auszuprobieren?

Interesse am Thema	89 Punkte
Neugier	78 Punkte
Langeweile	21 Punkte
Sie mussten einfach Zeit totschlagen	26 Punkte

3. Was macht Ihnen am meisten Spaß?

Fragebögen ausfüllen	30 Punkte
bei Fragespielen mitmachen	44 Punkte
eher Fragen stellen als beantworten	80 Punkte
an psychologischen Tests wie diesen mitmachen	71 Punkte

4. Wie schätzen Sie Veränderungen ein?

gut	78 Punkte
sogar sehr gut	62 Punkte
unvermeidlich	23 Punkte
nicht immer vorteilhaft	35 Punkte

5. Was geschieht gewöhnlich, wenn Sie anfangen, etwas Neues zu lernen?

Sie halten nicht durch und geben auf	19 Punkte
Alles in allem kommen Sie gut zurecht	82 Punkte
Sie tun sich schwer, aber Sie schaffen es	74 Punkte
Sie rechnen mit Schwierigkeiten, die dann nicht immer auftreten	63 Punkte

6. Sind Sie in Ihrem Leben auf Erfolgskurs?

Sie hoffen es	47 Punkte
Sie glauben: ja	41 Punkte
ganz bestimmt, gar kein Zweifel	79 Punkte
ja	72 Punkte

7. Wie viele Freundschaften haben Sie in den letzten zwei Jahren geschlossen?

keine	20 Punkte
nur eine	63 Punkte
mehr als drei	77 Punkte
zwei oder drei	85 Punkte

8. Was wünschen Sie Ihren Kindern am meisten?

Glücklich zu sein	75 Punkte
Ehrlichkeit	52 Punkte
Liebe	59 Punkte
Gesundheit	68 Punkte

9. Wenn Sie die Wahl hätten, wie wären Sie gern finanziell gestellt?

unverändert, wie jetzt	44 Punkte
sehr reich	37 Punkte
reich	61 Punkte
wohlhabend	71 Punkte

10. Wenn Sie auf Ihr bisheriges Leben zurückblicken und Resümee ziehen, was gibt Ihnen heute die größte Befriedigung?

materielle Dinge, auf die Sie freiwillig verzichtet haben	55 Punkte
materielle Annehmlichkeiten, die Sie sich geleistet haben	50 Punkte
Menschen	79 Punkte
Tiere	41 Punkte

11. Sind Sie mit Ihrem bisherigen Leben zufrieden?

alles in allem: ja	80 Punkte
überhaupt nicht	17 Punkte
teils, teils	39 Punkte
ja, sehr	73 Punkte

12. Was für ein Mensch sind Sie?

zukunftsorientiert . . . .   76 Punkte

jemand, der nur für das Heute lebt . . . .   62 Punkte

ein Optimist, der versucht, aus Fehlern zu lernen . . . .   79 Punkte

mehr der Vergangenheit zugewandt . . . .   39 Punkte

Zählen Sie jetzt die angekreuzten Zahlen zusammen und teilen Sie die Summe durch zwölf. Sie erhalten eine Durchschnittsquote in Prozenten. (Niemand erreicht 100 Prozent – die Welt ist nicht vollkommen.)

Hier ist Ihr PQ:

Über 75 Punkte: Dieser Wert enthüllt, so die Erfinder des Tests, einen Egoisten mit entsprechender Eitelkeit.

70–75 Punkte: Hier befinden Sie sich in der »Idealgruppe«. Sie weisen eine ruhige, ausgeglichene und mutige Persönlichkeit auf, die das Leben voll auskostet, ihr Bestes gibt und das Maximum aus ihrem Leben herausholt.

60–70 Punkte: Ein guter Durchschnitt.

40–60 Punkte: Heute ist nicht Ihr Tag.

Emotionale Intelligenz ist heute mehr denn je gefragt. Das besondere an der emotionalen Intelligenz ist, dass es dabei sowohl um den Umgang mit sich selbst geht als auch um den mit anderen Menschen. Emotionale Intelligenz beschreibt das Selbstmanagement und die Selbsterfahrung auf der einen Seite und Kompetenzen und Fähigkeiten im Umgang mit anderen Menschen auf der anderen.

Emotionale Intelligenz

Um Ihre Emotionale Intelligenz zu beschreiben, hier Fragen, die Sie weiterführen:

Wie gut kennen Sie sich? Kennen Sie Ihre Reaktionen?

Können Sie Ihre Stimmung beeinflussen oder sind Sie von Ihren Emotionen bestimmt?

Wie gut können Sie mit Gefühlen umgehen wie Aggressionen, Wut, Freude, Zuneigung bei sich und anderen?

Können Sie gut mit anderen Menschen umgehen?

Macht es Ihnen Spaß, mit anderen Menschen zu arbeiten?

Wie sieht Ihre Kommunikation aus?

Sind Sie in der Lage, anderen Menschen aufmerksam zuzuhören?

Sind Sie beliebt?

Sind andere gerne mit Ihnen zusammen?

Suchen andere Rat bei Ihnen?

Test: Meine Zivilcourage und ICH

Keiner von uns möchte als Feigling angesehen werden, weder im Sinne, dass man vor etwas davonläuft, noch in moralischer Hinsicht, dass man nicht zu seiner Meinung steht – auch wenn sie anderen widerstrebt.

Folgende Fragen und Antworten können Ihnen zeigen, ob Sie vielleicht etwas mehr zu Ihrer Überzeugung stehen und weniger auf das geben sollten, was die anderen meinen.

1. Haben Sie auf einer Versammlung – vielleicht als Einzige(r) – gegen eine einstimmige Entscheidung Ihre Stimme abgegeben?

a) vielleicht ein- oder zweimal

b) noch nie

c) schon häufig

2. Wegen einer gänzlich dummen Sache sind Sie entlassen worden. Was tun Sie zu Hause?

a) Sie sagen nichts und suchen einen neuen Job.

b) Sie erzählen die ganze Geschichte.

c) Sie geben die Entlassung zu, versuchen aber, sie mit der »schlechten Geschäftslage der Firma« zu begründen.

3. Ein Freund lädt Sie zu einem Film- oder Theaterbesuch ein, in dem viel Brutalität und Entwürdigung vorkommt.

a) Bestehen Sie darauf, das Theater/Kino zu verlassen?

b) Halten Sie, mit innerem Zorn, durch, explodieren aber, sobald Sie allein sind?

c) Verbergen Sie Ihre wirklichen Empfindungen und sagen nichts?

4. Haben Sie Ihrem Vorgesetzten jemals gesagt, dass die Durchführung einer bestimmten Aufgabe für Sie nicht möglich sei, da sie Ihre Grundsätze verletze?

a) nie

b) vielleicht einmal

c) öfter als einmal

5. Als Elternteil bemerken Sie, dass das Benehmen Ihrer Kinder Ihren eigenen Prinzipien widerspricht.

a) Hoffen Sie, dass sie sich bessern und unternehmen nichts?

b) Besprechen Sie die Vorkommnisse zu einem späteren Zeitpunkt auf ruhige, freundliche Weise mit ihnen?

c) Stellen Sie sie sofort zur Rede, selbst wenn es für alle Anwesenden peinlich ist und einen Familienkrach heraufbeschwört?

6. Sie haben eine gute, angenehme Stelle in einer Organisation, die Sie im tiefsten Innern für nicht ganz sauber halten.

a) Denken Sie öfter daran zu kündigen, versuchen es aber auf die lange Bank zu schieben?

b) Versuchen Sie, nicht darüber nachzudenken, da es Ihnen ja selbst
gut geht?

c) Verlassen Sie die Firma und sagen auch, warum?

7. Ihr Arzt vermutet eine ernstere Krankheit bei Ihnen, obwohl Sie sich wohlfühlen, und möchte eine endgültige Untersuchung durchführen.

a) Lassen Sie alle Tests umgehend durchführen?

b) Drücken Sie sich selbst den Daumen, gehen aber trotz der Angst vor der möglichen Diagnose zum Arzt?

c) Halten Sie den Termin nicht ein?

8. Ein wohlhabender, aber kranker Verwandter, mit dem Sie zusammenwohnen, wendet sich immer häufiger dem Alkohol zu.

a) Tun Sie irgend etwas dagegen?

b) Drohen Sie mit einem Ultimatum, dass er/sie ausziehen muss, falls das Trinken nicht aufhört?

c) Versuchen Sie, ihn/sie von der Schädlichkeit zu überzeugen?

9. Ein einflussreicher Verwandter Ihres Chefs streut unbegründete Verdächtigungen über Ihren Charakter unter der Nachbarschaft aus.

a) Stellen Sie ihn sofort zur Rede, ohne Rücksicht auf die möglichen Folgen für Sie?

b) Versuchen Sie, sich vor Ihrem Chef zu rechtfertigen?

c) Geben Sie die Stelle auf und ziehen in eine andere Gegend?

10. Nach welchem Motto richten Sie sich am ehesten?

a) »Das bessere Teil der Tapferkeit ist Vorsicht.«

b) »Recht ist Recht, und fair ist fair.«

c) »Halt fest an deinen Überzeugungen und scher dich nicht um die Folgen.«

Punkteverteilung:

1. a) 5, b) 0, c) 10   **2.** a) 0, b) 10, c) 5   **3.** a) 10, b) 5, c) 0

4. a) 0, b) 5, c) 10   **5.** a) 0, b) 5, c) 10   **6.** a) 0, b) 0, c) 10

7. a) 10, b) 5, c) 0   **8.** a) 0, b) 10, c) 5   **9.** a) 10, b) 5, c) 0

10. a) 0, b) 5, c) 10

Testauswertung:

Wenn Sie **100 Punkte** erreicht haben, sind Sie heute mehr als überdurchschnittlich mutig. Alles über **80 Punkte** bedeutet sehr hohe Zivilcourage, die Sie immer in bestem Licht erscheinen lässt.

Bei **70–80 Punkten** zeigen Sie eine Zivilcourage, die Sie über den Durchschnitt erhebt. **Zwischen 60 und 70 Punkten** sind Sie nicht mehr oder weniger zu Kompromissen bereit als jeder andere auch.

Ein Ergebnis **unter 60 Punkten** enthüllt Sie als jemand von größter Zaghaftigkeit. Wenn Sie jedoch **nicht einmal 40 Punkte** erreichen, fehlt Ihnen nicht nur das geringste Maß an diesem etwas schwierigen Mut, sondern Sie gehen immer den Weg des geringsten Widerstandes.

Bei Zivilcourage denken die meisten an bedrohliche Situationen wie Schlägereien, Belästigungen und dergleichen. Aber Zivilcourage fängt schon viel früher und im Kleinen an, immer dann, wenn …

… wir etwas nicht gerecht oder falsch finden,
… wir etwas gegen diese Ungerechtigkeit tun wollen, auch vor anderen,
… wir dabei das Gefühl haben, im Nachteil oder unterlegen zu sein und
…. der Erfolg unseres Einsatzes eher unsicher ist.

Wie sehen Sie sich, welche Möglichkeiten passen zu Ihnen, wie möchten Sie mit dem Thema umgehen?

Hatten Sie bei dem Test den Gedanken, dass Sie vielleicht gern mehr Zivilcourage hätten? Was würde Ihnen helfen? Etwas Mut?

Erinnern Sie sich einfach an Situationen, in denen Sie Mut bewiesen haben, seien sie scheinbar noch so unbedeutend. Versetzen Sie sich in die Situationen hinein und erleben den damaligen Mut noch einmal und lassen Sie dieses Gefühl auf sich wirken, dass Sie etwas haben, das Ihnen in anderen Situationen helfen kann.

TIPPS
- Trauen Sie sich, wenn Sie es möchten, sich für andere einzusetzen.
- Leben Sie ehrlich.
- Lassen Sie sich nicht beirren.

Test: Bin ICH ein guter Verlierer?

Es gibt Situationen im Leben, in denen muss man etwas einstecken können. Ein Fehler ist schnell gemacht, man hat auch manchmal nicht seinen besten Tag – aber vielen Menschen fällt es schwer, ohne Zornesröte im Gesicht zuzugeben, dass es diesmal nicht so gut gelaufen ist. Mit Würde verlieren zu können, kann manchmal aber sehr wichtig sein. Wer nach einem Ausrutscher durch eine beleidigte oder aggressive Reaktion noch einen zweiten Ausrutscher landet, macht sich meistens zu Recht unbeliebt. Testen Sie, ob das auf Sie zutrifft oder nicht – aber beantworten Sie alle Fragen ehrlich!

1. Haben Sie es in Ihrer Arbeit schon einmal erlebt, dass jemand anderes Ihnen gegenüber in einer Art und Weise bevorzugt wurde, die Sie für ungerecht hielten?
a) nein
b) ja, mehr als einmal
c) vielleicht einmal

2. Was ist für Sie am einfachsten:

a) zurückzutreten, wenn jemand anderes sich auf ganz natürliche Weise als besser erweist?

b) die Fehler anderer zu erkennen und auf sie aufmerksam zu machen?

c) dafür zu sorgen, dass alles gerecht zugeht?

3. Was machen Sie normalerweise, wenn Sie jemand unterbricht und Ihre Geschichte zu Ende erzählt?

a) Sie zucken mit den Achseln und lachen innerlich.

b) Sie bestehen darauf, die Geschichte selbst zu Ende zu erzählen.

c) Sie sind verstimmt, weil Sie um den Moment der allgemeinen Anerkennung betrogen wurden.

4. Wenn eine Sache, die auf irgendeine Weise »Ihre« ist (ein Fußballspiel oder das Examen Ihres Sohnes), schiefgeht, wie reagieren Sie da normalerweise?

a) Sie sind ernsthaft besorgt und versuchen, die Gründe dafür herauszufinden.

b) Sie kümmern sich nicht weiter darum.

c) Sie erfinden dafür anderen Leuten gegenüber tausend Entschuldigungen.

5. Was mögen Sie am wenigsten?

a) einen bewussten Betrug

b) Unzuverlässigkeit bei anderen

c) Heuchelei

6. Wenn Sie morgen vollkommen unerwartet Ihren Arbeitsplatz verlieren würden, was wäre Ihre erste Reaktion?

a) Bitterkeit gegenüber Ihrem Arbeitgeber

b) pure Sorge um die Zukunft

c) eine Herausforderung, der man sich stellen muss

7. In welchem Ausmaß versuchen Sie, es Ihren Nachbarn (was die sichtbaren Zeichen des Lebensstandards anbelangt) gleichzutun?
a) überhaupt nicht
b) nur ein kleines bisschen
c) ein ganz schönes Stück weit

8. Glauben Sie vielleicht zu sehr an Glück oder Pech im Leben?
a) wahrscheinlich ja
b) definitiv nein
c) Sie sind sich nicht sicher.

9. Was empfinden Sie am häufigsten?
a) Neid
b) Ungeduld
c) das Gefühl, versagt zu haben

10. Wenn Sie zufällig hören würden, wie jemand über Sie sagt, Sie seien »nicht gerade ein toller Typ«, was würden Sie von diesem Urteil halten?
a) Sie hielten es für völlig unberechtigt.
b) Sie könnten sich vorstellen, wie jemand zu diesem Urteil kommt, hielten es aber nicht für wirklich zutreffend.
c) Sie hielten es für die Wahrheit.

Punkteverteilung:

1. a) 15, b) 5, c) 10	**2.** a) 15, b) 0, c) 5	**3.** a) 10, b) 5, c) 0
4. a) 5, b) 15, c) 0	**5.** a) 5, b) 5, c) 10	**6.** a) 5, b) 5, c) 15
7. a) 10, b) 5, c) 0	**8.** a) 5, b) 10, c) 0	**9.** a) 0, b) 10, c) 5
10. a) 15, b) 5, c) 0		

Testauswertung:
Über 120 Punkte: Sie müssen ein sehr guter Verlierer sein – aber verstecken Sie sich nicht gleich bei jeder Niederlage!

100–120 Punkte: Sie sind ein ziemlich guter Verlierer und damit ein ausgeglichener, für die meisten liebenswerter Mensch. Sie schaffen es bei einer Schlappe immer, den richtigen Weg zwischen zu schneller Aufgabe und störrischem Beharren auf der eigenen Position einzuschlagen.

75–100 Punkte: Es ist schade, dass Sie gewöhnlich nicht mit mehr Würde verlieren, denn in Ihrem Innersten sind Sie weder ein Neidhammel noch das, was man einen »sturen Bock« nennt.

Unter 75 Punkten: Sie müssen der Tatsache ins Gesicht sehen, dass Sie normalerweise ein sehr schlechter Verlierer sind, der bei seiner Mitwelt wahrscheinlich nicht gerade beliebt ist. Was können Sie dagegen tun? Ein guter Anfang wäre es, wenn Sie versuchen würden, nicht jede Kleinigkeit sofort todernst zu nehmen.

Übung

Was bedeutet Ihnen Ruhe und Gelassenheit? Für den einen ist es die Bar am Strand mit Freunden, für den anderen der Waldspaziergang allein. Wenn Ihnen jemand sagt: »Ich möchte meine Ruhe«, bedeutet das dann zwangsläufig, dass er oder sie allein sein möchte? Wir sind unterschiedlich geprägt und deshalb möchte ich Sie hier dazu anregen über sich nachzudenken:

Was heißt Gelassenheit für mich?

_____

_____

Wann habe ich das Gefühl intensiv erlebt?

_____

_____

Wie könnte ich diese Gelassenheit für mich in meinem Alltag einsetzen?

_____

_____

Test: Kann ICH über mich selbst lachen?

Was bedeutet Humor? Wer lacht über wen und worüber? Es lohnt sich, die regionalen Gepflogenheiten mit einzubeziehen. Der Ostfriese schmunzelt an anderer Stelle als der Sachse. Und wenn der Bayer zu ihnen sagt, dass Sie »a Preiß« sind, fassen Sie es als Kompliment auf, denn im ungünstigen Fall wären Sie »a Saupreiß«.

1. Bei dem Versuch, einen kleineren Wasserlauf zu überqueren, fallen vier Reiter hintereinander ins Wasser. Als sie sich wieder erholen, versucht jeder, etwas Witziges zu sagen. Welcher hat Ihrer Meinung nach am wenigsten Humor?

a) 1. Reiter sagt: »Ich weiß nicht, warum Sie mir alles nachmachen müssen, meine Herren.«

b) 2. Reiter sagt: »Ein Glück, dass ich eine warme Jacke anhabe, das Wasser ist ziemlich kalt.«

c) 3. Reiter sagt: »Ich hoffe, Sie erkennen an, dass ich mich stets bemühe, nicht aus der Reihe zu tanzen.«

d) 4. Reiter sagt: »Immerhin haben wir alle bewiesen, dass wir nicht wasserscheu sind.«

2. Ein Bekannter geht Ihnen mit seinem ständigen Prahlen über seine finanziellen Erfolge auf die Nerven. Was sagen Sie, um ihm das abzugewöhnen?

a) »Könntest du mir nicht 1 000 Euro borgen? Ich bin im Augenblick in argen Schwierigkeiten.«

b) »Wenn es mir so gut ginge wie dir, würde ich mir meine Pfeife nur mit Banknoten anstecken.«

c) »Ich freue mich, dass es dir gut geht. Meine anderen Freunde pumpen mich immer nur an.«

d) »Es ist schön von dir, dass du mit mir armem Schlucker immer noch verkehrst.«

3. Ein großer Hund verfolgt eine Katze, diese flüchtet auf eine Bachweide, verfehlt aber einen Ast und fällt ins Wasser. Der Hund in seinem wütenden Eifer rutscht von der Uferböschung und fällt auch ins Wasser. Wer möchten Sie lieber sein?

a) der Hund

b) die Katze

4. Ein Freund will Ihnen einen Streich spielen und schickt Ihnen ein offiziell aussehendes Schreiben, wonach Sie eine Million gewonnen hätten. Sie erfahren aber rechtzeitig von dem Schwindel. Wie verhalten Sie sich?

a) Ich leite das Schreiben mit dem Vermerk »nicht angenommen« an ihn zurück.

b) Ich reagiere überhaupt nicht, das ärgert ihn wohl am meisten.

c) Ich lade ihn in ein Sternerestaurant ein, zeige ihm mit gespielter Begeisterung den Brief und lasse ihn dann mit der Rechnung sitzen.

d) Ich schreibe ihm, dass ich nun nicht mehr mit armen Leuten verkehren könne, da ich Millionär geworden sei.

5. Nachdem es die ganze Nacht geschneit hatte, schaufeln Sie am Morgen Ihr Auto aus. Als die gröbste Arbeit verrichtet ist, merken Sie, dass es gar nicht das Ihre ist. Da kommt auch schon der Besitzer und fährt Sie an:»Was machen Sie sich an meinem Auto zu schaffen?« Welche Antwort würden Sie sinngemäß am ehesten geben?

a) »Ich wollte mir ein Trinkgeld verdienen.«

b) »Autoausschaufeln ist mein Morgensport.«

c) »Pardon. Ich werde den Schnee gleich wieder zurückschaufeln.«

d) »Wenn ich Sie wäre, hätte ich gewartet, bis der Trottel den Wagen ganz ausgeschaufelt hat!«

6. Welchen Zeitabschnitt Ihres Lebens möchten Sie – wenn das möglich wäre – am liebsten noch einmal erleben?

a) Schulzeit

b) erste Liebe

c) erster Krach mit dem Vater

d) ich weiß nicht recht

7. Ein kahlköpfiger Mann kauft einen Kamm. »Für eine Dame oder einen Herren?«, fragt die Verkäuferin. »Das sehen Sie doch wohl«, erhält sie zur Antwort. Aber wie soll sie das verstehen?

a) natürlich für eine Dame, der Mann braucht ja wohl keinen

b) für einen Herrn, denn der Käufer ist ja ein Mann

8. Ein bildhübsches Mädchen stürzt am Bahnhof auf einen attraktiven älteren Herrn zu und ruft:»Fein, dass du mich abgeholt hast, Papa!« Der Herr hat das Mädchen noch nie gesehen. Was soll er antworten?

a) »Jetzt möchte ich nur noch deine Mutter kennenlernen!«

b) »Du hast dich wirklich sehr verändert, Liebling!«

c) »Die Kurzsichtigkeit hast du aber nicht von mir!«

d) »Leider kommst du 20 Jahre zu spät, schönes Kind!«

Punkteverteilung:

1. a) 5, b) 1, c) 4, d) 3   **2.** a) 5, b) 1, c) 2, d) 4   **3.** a) 1, b) 4

4. a) 0, b) 3, c) 1, d) 4   **5.** a) 3, b) 1, c) 2, d) 4   **6.** a) 0, b) 1, c) 4, d) 2

7. a) 4, b) 0   **8.** a) 1, b) 3, c) 4, d) 5

Testergebnis:

5–9 Punkte: Sie und über sich lachen? Das ist wirklich zum Lachen! Sie haben den Humor eines verwitterten Grabsteins, und wenn Sie überhaupt je lachen, dann doch wohl nur über andere! Sollten Sie jetzt aber über Ihr Testergebnis lächeln, dann sind Sie immerhin schon auf dem Weg der Besserung.

10–16 Punkte: Sie meinen, Sie hätten nur selten Grund, über sich selbst zu lachen? Nun, eine so traurige Erscheinung sind Sie aber wirklich nicht! Halten Sie sich doch einmal einen seelischen Spiegel vor, und Sie werden manches erkennen, das zum Lachen ist. Und jetzt schauen Sie nicht gleich wieder so böse drein!

17–23 Punkte: Sie haben es erfasst: Auch wenn man einmal ungewollt zur Zielscheibe des Spottes wird und darüber innerlich vor Zorn grün und blau anläuft, muss man nach außen hin kräftig mitlachen. Im Grunde beweist das zwar, dass man über sich selbst nicht wirklich lachen kann, aber wer bemerkt das schon?

24–29 Punkte: Sie können wirklich über sich selbst lachen. Sie scheinen sogar die Fähigkeit zu haben, auch dann über sich zu lachen, wenn gar kein Grund da ist. Lachen Sie dann aber nicht zu laut, es könnte sonst vorkommen, dass Sie der Einzige sind, der über Sie lacht. Und das wäre dann weniger Grund zum Lachen.

30–35 Punkte: Sie haben völlig recht: Das einzige Mal, wo es sich wirklich lohnt zu lachen, ist, wenn man hin und wieder über sich selber lacht. Sie sehen die anderen eher als traurige Figuren, für die sich eher ein mitleidiges Lächeln lohnt. Und so sollte man ihnen auch den Spaß gönnen, nur über andere lachen zu können.

Übung

- Was wäre, wenn ich über mich lachen könnte? Was wäre anders, wie würde ich mich fühlen, was würden andere über mich denken? Wie würde ich über mich denken?
- Was wäre das Gute daran, mit dem Sie dann in die Zukunft blicken könnten?

TIPPS

- Leben Sie wie der Kölner: »Et kütt wie es kütt oder Es hät noch immer jot gejange.«
- Der Volksmund sagt: »Lachen ist die beste Medizin.« Trauen Sie es sich einfach einmal.

Test: Wie steht es mit meiner Selbstkontrolle?

Mit diesem Test können Sie den Grad Ihrer Selbstkontrolle feststellen. Es sind nur zwölf Fragen. Aber denken Sie daran: Es ist ein kein gutes Zeichen, wenn Sie sich über den Test ärgern, ehe Sie alle Fragen – möglichst ehrlich – beantwortet haben!

1. Ein Mensch, den Sie vorher kaum gekannt haben, behandelt Sie kränkend und geringschätzig. Wie reagieren Sie?
a) mit einem langen, unhörbaren Seufzer
b) Sie explodieren wütend, und zwar sofort.
c) Sie zucken mit den Schultern, um wenigstens eine Reaktion zu zeigen.
d) Sie kreiden es diesem Menschen insgeheim an, um später mit ihm abzurechnen.

2. Sie haben sich darauf eingestellt, wegen einer wichtigen Sache etwa eine halbe Stunde warten zu müssen. Schließlich aber werden es fast zwei Stunden. Wie reagieren Sie?
a) Sie schäumen vor Wut, vergessen es aber schnell wieder.
b) Sie schimpfen leise vor sich hin.
c) Sie bekommen einen lauten Wutanfall, den so schnell niemand vergisst.
d) mit leidender Duldermiene und/oder Resignation

3. Sie lernen eine attraktive Person des anderen Geschlechts kennen und bilden sich ein, dass der beiderseitige »sofortige Magnetismus« richtig arbeitet. Wie verhalten Sie sich?
a) vorsichtig, weil Sie nicht »in Schwierigkeiten« kommen wollen
b) Ihre Haltung ist äußerst unverbindlich und neutral.
c) Sie verhalten sich überschwänglich, überspannt und übertrieben.
d) Sie hoffen auf ein Abenteuer.

4. Wir alle kennen Dinge, die wir nur so lange ertragen können, bis wir mit unserer Geduld am Ende sind. Worüber ärgern Sie sich bestimmt am schnellsten?

a) über den Starrsinn dummer Leute

b) über Zögern und Unentschlossenheit anderer Leute

c) über die Unzuverlässigkeit anderer Leute

d) über andere Leute überhaupt

5. Angenommen, Sie sollten abnehmen oder weniger rauchen oder trinken, obwohl es Ihnen Freude macht, ob Sie nun in Gesellschaft sind oder nicht. Sie fassen einen Vorsatz. Wie geht er aus?

a) von Anfang an ein völliger Fehlschlag

b) Ein guter Start, aber auf die Dauer haben Sie nur geringen Erfolg.

c) Trotz vieler Anfechtungen (und einiger Rückfälle) bleiben Sie bei Ihrem Vorsatz.

d) Sie führen einfach Ihren Vorsatz aus.

6. Sie sind allein zu Haus, können also niemandem die Schuld geben, und Sie machen eine zwar nicht wichtige, doch höchst alberne Sache. Sofort haben Sie den Wunsch, es nicht getan zu haben. Was tun Sie?

a) Sie fluchen laut und deutlich, dann fühlen Sie sich wohler.

b) Sie reiten dauernd auf dem Gedanken herum.

c) Sie ärgern sich wahnsinnig, dann vergessen Sie es, weil Sie etwas anderes tun.

d) Sie belegen sich selbst mit den kräftigsten Schimpfwörtern, aber schließlich versuchen Sie – wenn auch indirekt – die Schuld auf einen anderen abzuwälzen.

7. Aus irgendeinem Grund versetzt Ihnen jemand einen Schlag, wobei es gleichgültig ist, dass er tatsächlich recht sanft oder schwach ausfällt. Wie ist Ihre natürliche Reaktion?

a) Sie protestieren wortstark, tun sonst aber nichts.

b) Sie geben den Schlag in gleicher Weise zurück.

c) Sie revanchieren sich mit einem bedeutend kräftigeren Schlag.

d) So gut wie möglich ignorieren Sie die Sache.

8. Wenn Sie jemand beschreibt, welchen Ausdruck würden Sie am wenigsten gern hören?

a) Unehrlichkeit

b) Härte und Gefühllosigkeit

c) Unausgeglichenheit

d) Ängstlichkeit und Beeinflussbarkeit

9. Sie haben für etwas hart gearbeitet und lange auf eine entsprechende Anerkennung gehofft. Aber alles, was schließlich herauskommt, ist eine gewaltige Enttäuschung. Was fühlen Sie?

a) Sie möchten alles hinschmeißen.

b) So bitter es ist – Sie möchten noch einmal von vorn anfangen.

c) Sie sind natürlich enttäuscht, aber nicht besonders niedergeschlagen.

d) Sie sind lediglich ein bisschen zynischer als vorher.

10. Wenn Sie sich die Menschen Ihrer Umgebung, die Sie kennen, ansehen, was ist Ihrer Ansicht nach grundsätzlich bei den meisten dieser Leute der größte Fehler?

a) Es fehlt ihnen an Beharrlichkeit und Entschlossenheit.

b) Sie haben nicht die Fähigkeit, ihre Wünsche, ihr Versagen und ihre Schwächen unter Kontrolle zu halten.

c) Es fehlt ihnen einfach an Intelligenz.

d) Sie haben kein Glück.

11. Ohne es wirklich zu wünschen, sind Sie gegen Ihren Willen zum Mittelpunkt eines Scherzes, zur Zielscheibe des Witzes, sogar des Spottes anderer Leute geworden. Was tun Sie?

a) Innerlich sind Sie wütend, nach außen grinsen Sie.

b) Sie versuchen, Entschuldigungen und Rechtfertigungen zu finden.

c) Sie zeigen deutliche Zeichen von Ärger.

d) Sie lachen trotz allem herzlich.

12. Welche der folgenden Eigenschaften schwächt Ihrer Ansicht nach den Charakter eines Menschen am meisten?

a) Schwäche

b) vollkommene Gleichgültigkeit den Gefühlen oder Bedürfnissen anderer Menschen gegenüber

c) Stumpfheit

d) Mangel an Schwung oder Energie und Ehrgeiz

Punkteverteilung:

1. a) 6, b) 3, c) 10, d) 2   **2.** a) 5, b) 7, c) 1, d) 10   **3.** a) 9, b) 10, c) 4, d) 0

4. a) 9, b) 7, c) 5, d) 10   **5.** a) 1, b) 6, c) 9, d) 10   **6.** a) 8, b) 4, c) 10, d) 6

7. a) 8, b) 3, c) 1, d) 10   **8.** a) 5, b) 4, c) 8, d) 10   **9.** a) 2, b) 10, c) 10, d) 9

10. a) 7, b) 10, c) 5, d) 0   **11.** a) 8, b) 5, c) 2, d)10   **12.** a) 10, b) 4, c) 8, d) 6

Testauswertung:

Über 100 Punkte: Sie haben wirklich eine eiskalte Selbstkontrolle, und das ist zeitweilig sehr nützlich. Aber hüten Sie sich, dass das Eis nicht in Ihre Seele dringt. Ein Mensch, der seine Gefühle jederzeit unter Kontrolle hat, kann leicht sich selbst untreu – und fragwürdig für andere – werden!

Zwischen 80 und 100 Punkten: Ihre Selbstkontrolle liegt bewundernswert über dem Durchschnitt, erreicht aber nie den Punkt der reinen Unmenschlichkeit. Diese Punktzahl ist die beste, die Sie erreichen können.

Zwischen 50 und 80 Punkten: Wenn Sie sich im Gefühlsbereich und in der Art, wie Sie Ihren Gefühlen Luft machen, nur noch ein bisschen ändern, würden Sie leicht in die oben stehende zweite – und bessere – Kategorie gelangen.

Unter 50 Punkte: Leider fehlt Ihnen jede Selbstkontrolle. Sie müssten, wenn Sie es dann ändern wollten, große Anstrengungen machen und viel Entschlossenheit aufbringen, um diesen Zustand zu verbessern. Aber es ist bestimmt der Mühe wert. Versuchen Sie es.

Nutzen Sie neue Möglichkeiten, setzen Sie sich für mögliche Situationen einen Anker, der Sie an andere Möglichkeiten erinnert.

Ein »Anker« bezeichnet einen Reiz, der unmittelbare Gefühle auslöst oder der das Gefühl von Ressourcen hervorruft, zum Beispiel ein Urlaubsfoto, die Schulglocke, ein Stirnrunzeln des Partners und so weiter.

Ein Anker erleichtert den Zugang zu persönlichen Kraftquellen. Der Prozess des Verankerns selbst ist sehr einfach und wirkungsvoll.

Finden Sie zunächst durch Beobachten oder Zuhören heraus, was Ihnen in der Situation, in der Sie Selbstkontrolle haben wollen, guttun würde. Für den einen ist es Mut, für den anderen Gelassenheit, für den Nächsten vielleicht Ruhe.

Finden Sie dann eine Situation, in der Sie diese Stärke, dieses Gefühl schon einmal hatten, und stellen Sie sich die Situation noch einmal vor.

Versetzen Sie sich ganz hinein in das Gefühl oder Erlebnis, das Sie verankern möchten. Lassen Sie sich ruhig Zeit dafür, es lohnt sich! Erleben Sie die Situation noch einmal, so als würde sie jetzt eben geschehen. Sehen Sie alles wie durch Ihre eigenen Augen, hören Sie mit Ihren Ohren und spüren Sie die ganz besonderen Gefühle, die Sie in dieser Situation hatten.

Wenn das Gefühl, das Sie ankern wollen, ganz intensiv ist, dann setzen Sie einen Anker – zum Beispiel durch eine bestimmte Bewegung oder ein Bild, das Sie vor dem inneren Auge entstehen lassen. Warten Sie mit dem Ankern bis zum Höhepunkt, an dem Sie das Gefühl ganz deutlich spüren.

Wählen Sie einen Anker, der in gewisser Weise einzigartig, aber dennoch einfach zu wiederholen ist. Einzigartig soll ein Anker sein, weil er so am dauerhaftesten bestehen bleibt.

Wichtig ist, dass Sie den Anker immer wieder genauso auslösen, wie Sie ihn etabliert haben. Wenn Sie beispielsweise eine Hand auf den Oberschenkel gelegt haben, ist es entscheidend, dass Sie die Hand immer wieder genau an diese Stelle legen, mit dem gleichen Druck und so weiter; so wirkt der Anker am effektivsten.

Einfach soll er deshalb sein, damit Sie ihn (unauffällig) benutzen können, wenn Sie ihn brauchen. Einfache Anker sind zum Beispiel:

- Hände verschränken
- Hände ineinander legen
- Mit einer Hand das andere Handgelenk umfassen
- An einen Ring oder ein anderes Schmuckstück fassen

TIPPS
- Beobachten Sie Ihre Mitmenschen. Wie verhalten sich die anderen in ähnlichen Situationen?
- Notieren Sie Ihre Erkenntnisse, stecken Sie den Zettel in die Hosentasche und schauen Sie in Gedanken, heimlich darauf, wenn Sie in eine prekäre Situation kommen.

BERUF UND KARRIERE

Ob Sie nun schon Ihr silbernes Dienstjubiläum hinter sich haben oder Ihre Karriere noch vor sich haben, ob Sie zufrieden oder unzufrieden sind – es gibt viele Facetten, die um den Beruf kreisen.

Haben Sie Ihren Traumjob oder stecken Sie in der Karriereplanung?

Von Schülern und Auszubildenden werde ich oft gefragt: »Wie finde ich den richtigen Beruf, was sollte ich können, was hat noch Aussichten? Wie finde ich die Arbeit, die zu mir passt? Habe ich mich auf den richtigen Weg festgelegt?«

Sollte das ihre Fragestellung sein, bitte ich Sie zum Kapitel »Selbsterkenntnis leicht gemacht« zu gehen. Hier empfehle ich die Übung zum Erreichen von Zielen (S. 27). Auch der Beruf ist eine Reise, die ein Ziel hat. Und wer am falschen Ort sitzt und mit Menschen umgeben ist, die nicht zu ihm passen, wird sich sehr unwohl fühlen.

Nehmen Sie auch an dieser Stelle wieder Zeit für sich, um sich Ihre persönliche Situation anzuschauen.

Schreiben Sie die Bezeichnung des Berufs, den Sie zurzeit ausüben oder den Sie ausüben möchten, auf ein Blatt Papier und legen Sie dieses Blatt vor sich. Machen Sie sich dazu Notizen, alles, was Ihnen dazu einfällt.

- Was tue ich als …?
- Was kann ich besonders gut?
- Was schätzen andere an mir?
- Welche Fähigkeiten habe ich, dies so zu tun?
- Was bedeutet mir dieser Beruf?
- Wer bin ich, wenn ich diesen Beruf ausübe?

Sollten Sie zu der Erkenntnis kommen, dass Sie sich einen anderen Beruf oder eine andere Position vorstellen wollen/können, nehmen Sie ein neues Blatt Papier, schreiben wiederum die andere Tätigkeit auf und prüfen mit denselben Fragen, was Sie tun. Beschreiben Sie die Fähigkeiten, die Bedeutung. Wie fühlen Sie sich, wenn Sie die neue Tätigkeit ausüben?

Familie und Beruf

Der Beruf befähigt uns zunächst einmal, einer bezahlten Tätigkeit nachzugehen, mich selbst und/oder die Familie zu ernähren sowie der nächsten Generation die Möglichkeit zu geben, eine Ausbildung zu absolvieren.

Fragen, die hier zu dem Thema Selbsterkenntnis wichtig sind und die Sie nur für sich beantworten können, sind:

Was bedeutet mir meine Familie? Was bedeutet mir mein Beruf? Wie möchte ich beides vereinbaren?

Die Klärung der Verantwortung ist in diesem Zusammenhang sehr hilfreich. Gerade im Zeitalter einer Gesetzgebung, die von allen Familienmitgliedern eine Mitversorgung berücksichtigt, ist es wichtig, dass die Interessen und Möglichkeiten gemeinsam ausgelotet werden.

Eine einfache Übung ist es, sich vorzustellen, wie die Zukunft aussieht. Plane ich Kinder, eine Ehe, die Eltern zu mir zu nehmen, die Geschwister in der Nähe zu haben, einige Zeit im Ausland zu verbringen?

Beruf und Familie in Einklang zu bringen, ist eine Herausforderung, die es anzunehmen gilt.

Karriere und Familie

Auch hier ist die Frage des Ziels zu klären: Wo will ich hin? Was will ich wann erreicht haben? Wie komme ich da hin?

Work-Life-Balance ist das Zauberwort, das in aller Munde ist. Dabei sind es nicht nur die Mütter, die Karriere und Familie unter einen Hut bringen wollen.

Hier ist zu klären: Wer macht die Karriere und sind alle Beteiligten in den Prozess eingebunden? Prüfen Sie nach der Klärung der Ziele, ob alle Beteiligten in einem Boot sitzen.

Die Fragen zur Prüfung der Einwände sind: Welche Einwände gibt es? Und wenn es welche gibt, gilt es gemeinsame Lösungen zu finden, keine faulen Kompromisse.

Planen Sie Ihre Karriere mit Ihrer Familie und umgekehrt. Dazu braucht es eine machbare Umsetzungsstrategie, die alle Beteiligten ausgearbeitet haben.

Mein Beruf und mein Erfolg

Was brauche ich zum Erfolg? Haben Sie ihn schon? Möchten Sie ihn haben? Werden Sie ihn haben? Haben Sie die Bereitschaft, sich mit

Ihrem Erfolg auseinanderzusetzen? Sollte Sie dieses Thema so gar nicht ansprechen: Viel Spaß bei den übernächsten Kapiteln.

Zunächst ein Test, der Ihr derzeitiges Potenzial auslotet.

Erfolgs-TEST

		nein									ja
	Wenn ich Erfolg habe, ...	1	2	3	4	5	6	7	8	9	10
1	... beginne ich rechtzeitig mit einem Plan.										
2	... halte ich ein zügiges Arbeitstempo ein.										
3	... achte ich auf Ordnung und Übersichtlichkeit.										
4	... nehme ich mir Zeit für Korrekturen.										
5	... bin ich mit Aufmerksamkeit bei der Sache.										
6	... weiß ich, wie ich es angehe.										
7	... merke ich mir, was wichtig ist.										
8	... mache ich mir Gedanken zum Thema.										
9	... betrachte ich Fehler als Chance.										
10	... finde ich, dass ich etwas Sinnvolles tue.										
11	... zeige ich Durchhaltevermögen.										
12	... lege ich Wert auf Genauigkeit.										
13	... mache ich es aus eigenem Antrieb.										
14	... nehme ich auch Kritik an.										
15	... schätze ich meine Fortschritte richtig ein.										
16	... glaube ich an meinen Erfolg										

Tragen Sie ihre Auswertung des Tests in das Erfolgsrad ein und verbinden Sie die Eckpunkte mit Linien. Schon bei der Auswertung des Rads sehen Sie, in welchen Bereichen Sie Optimierungspotenzial haben. Damit Ihr Erfolg rund wird, sollten die Räder gleichmäßig laufen.

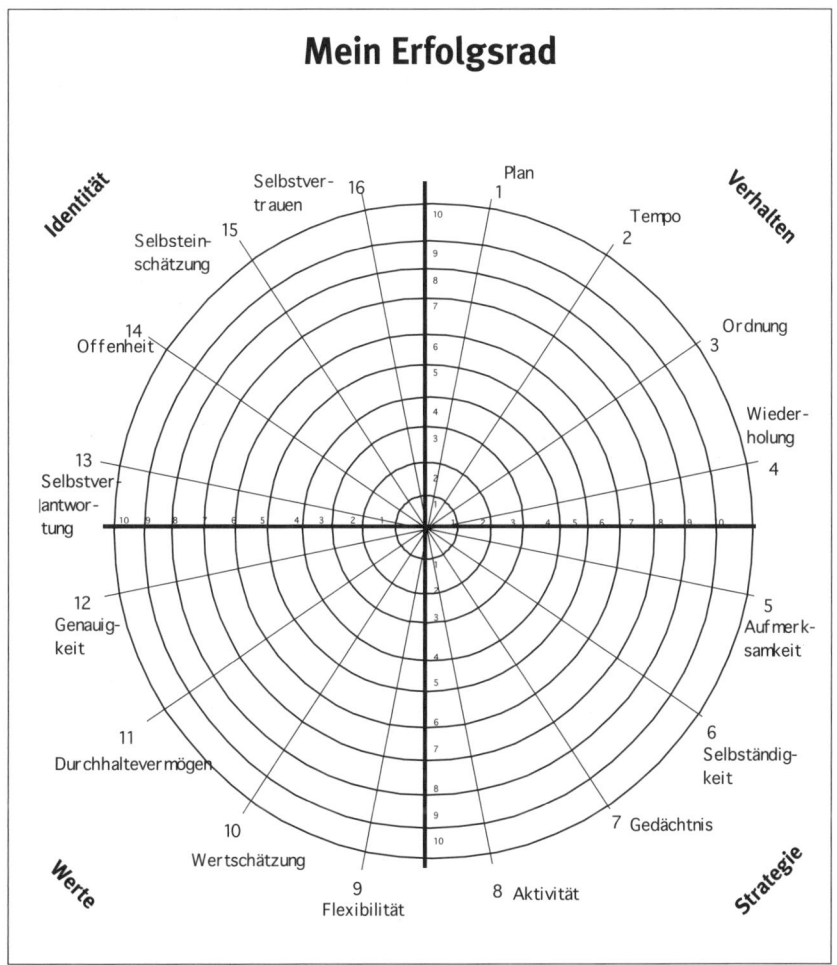

- **Verhalten:** Ist Ihr Rad sehr eingebeult, bedeutet das, dass Sie mehr für Ihren Erfolg tun können. Ein Businessplan mit Handlungsvorgaben wird Ihnen weiterhelfen.

- **Strategie:** Je nach Auswertung haben Sie eine gute oder weniger gute Strategie zum Erfolg. Denken Sie über Maßnahmen nach, die sich vielleicht schon in einem anderen Zusammenhang bewährt haben. Loben oder prüfen Sie Ihre Fähigkeiten.

- **Werte:** Hier können Sie leicht sehen, wie viel Ihnen Ihr Erfolg bedeutet. Ist er Ihnen wichtig oder lassen Sie ihn gerade schleifen?

- **Identität:** Sie sind Sie es, der auf dem Treppchen steht, oder sind Sie eher fremdbestimmt und verstecken sich gerne? Hier erkennen Sie, wie sehr Sie in Ihrem Beruf aufgehen.

TIPP
Das Erfolgsrad können Sie für jeden Bereich einsetzen, für den Erfolg, eine neue Sprache zu lernen, oder um auszuloten, wie erfolgreich Sie eine Ihnen wichtige Sache umsetzen wollen.

Test: Kann ICH planen?

1. Wie markieren Sie in einer Notiz Zeilen, die hervorgehoben werden sollen?
a) durch Unterstreichen
b) durch Ankreuzen
c) durch farbiges Markieren

2. Sie haben im Supermarkt eingekauft. Wissen Sie, wie viel Sie bezahlen müssen? Um wie viel Prozent verschätzen Sie sich?
a) 10 Prozent
b) 20 Prozent
c) mehr als 20 Prozent

3. Was halten Sie von Leuten, die mit dem Taschenrechner einkaufen gehen?
a) Sie können nicht kopfrechnen

b) Sie sind klug
c) Sie übertreiben

4. Wissen Sie bereits am Jahresanfang, auf welche Wochentage die wichtigsten Feiertage des Jahres fallen werden?

a) ja
b) nein
c) wozu?

5. Was halten Sie von Leuten, die wichtige Arbeiten bis zuletzt aufschieben?

a) müssen Genies sein
b) haben gute Nerven
c) gar nichts

6. Halten Sie sich für einen pünktlichen Menschen?

a) ja
b) nein

Punkteverteilung:

1. a) 5, b) 4, c) 7	**2.** a) 2, b) 3, c) 5	**3.** a) 5, b) 3, c) 0
4. a) 6, b) 4, c) 3	**5.** a) 7, b) 5, c) 4	**6.** a) 5, b) 2

Testauswertung:

15–21 Punkte: Sie würden wohl richtig planen, wenn Sie manchmal nicht etwas nachlässig wären. Dadurch verderben Sie sich manche gute Chance. Bedenken Sie das!

22–28 Punkte: Sie planen vollkommen richtig, aber warum führen Sie dann das Geplante nicht auch konsequent durch? Oder lassen Sie sich im letzten Moment von Außenstehenden beeinflussen?

29–35 Punkte: Sie verstehen es ganz ausgezeichnet, Planung und Ausführung zu koordinieren, auch das kleinste Detail wird nicht übersehen. Wenn trotzdem etwas schiefgeht, ist es vielleicht nicht Ihr Tag!

Test: *Habe ICH Führungsqualitäten?*

Vielleicht sind Sie bereits in einer Führungsposition. Vielleicht werden Sie es bald sein. Der Test zeigt Ihnen jedenfalls, inwieweit eine entsprechende Eignung vorhanden ist oder wo Sie vielleicht noch einen kleinen Hebel ansetzen müssen, um dem relativen Grad einer Vollkommenheit näherzurücken.

Sie haben jeweils drei Möglichkeiten, eine Entscheidung zu treffen. Notieren Sie die entsprechenden Punkte.

1. Sie sind in eine außergewöhnliche Situation geraten: Mit einer Gruppe von zehn fragwürdigen Gestalten stecken Sie in unwegsamer Gegend fest. Über einem reißenden Fluss ist die primitive Brücke eingestürzt. Als Einziger erkennen Sie die Möglichkeit, die Brücke zu reparieren. Das verschafft Ihnen zwar etwas Anerkennung, aber Ihre Befehle auszuführen, daran denken die rauen Burschen nicht. Sie müssen also einen Vormann finden, der sich für Sie durchzusetzen vermag. Drei Männer bieten sich Ihnen dafür an: A, B und C:

a) A ist ein entsprungener Sträfling und genießt bei den
anderen größtes Ansehen. . . . . 2 Punkte
b) B steht mit vier anderen in verwandtschaftlichen Beziehungen
und ist fraglos der Intelligenteste der Gruppe. . . . . . . 6 Punkte
c) C ist der Brutalste der Gruppe, ihn fürchten alle. . . . . 7 Punkte

2. Sie werden vom Chef Ihres Unternehmens um einen Verbesserungsvorschlag für eine bestimmte Projektgruppe ausgesucht. Sie arbeiten einen aus und erfahren dann, dass ein bisher kaum in Erscheinung getretener Mann der betreffenden Gruppe auch einen hat. Sie erkennen, dass dieser besser ist als Ihr eigener.

a) Sie versuchen, Ihren und den anderen Vorschlag
zu kombinieren. . . . . 5 Punkte
b) Sie akzeptieren den anderen Vorschlag kommentarlos.   4 Punkte
c) Sie schlagen dem Chef vor, den anderen Vorschlag
zu akzeptieren und den Mann zu belohnen. . . . . 6 Punkte

3. Ein Ihnen Vorgesetzter gibt einem Ihnen unterstellten Mitarbeiter eine Anweisung, die fraglos in einen Misserfolg münden muss.

a) Geben Sie eine andere Order, die dann zum Erfolg führt,
   und sagen Sie Ihrem Vorgesetzten einfach, dass nach seiner
   Anweisung gehandelt wurde? . . . . 6 Punkte

b) Lassen Sie die Anweisung Ihres Vorgesetzten einfach
   ausführen und erklären ihm dann, warum es ein Misserfolg
   werden musste? . . . . 3 Punkte

c) Versuchen Sie, Ihren Vorgesetzten von der Unzweckmäßigkeit
   des Auftrages zu überzeugen? . . . . 4 Punkte

4. Um den richtigen Mann für einen neu zu besetzenden, verantwortungsvollen Posten zu finden, stellen Sie drei Mitarbeitern eine schwierige und völlig überflüssige Aufgabe, ohne jedoch den Grund zu verraten. Welchen Mann wählen Sie aus, A, B oder C?

a) A erledigt die Aufgabe in einer Anzahl von Überstunden
   selbst. . . . . 4 Punkte

b) B bittet Sie um eine Hilfskraft, um sich selbst auf das
   Wesentliche konzentrieren zu können. . . . . 6 Punkte

c) C bittet Sie, ihm Zeit zu lassen, da die Aufgabe kaum von
   Wichtigkeit ist und er wichtigere Dinge zurückstellen
   müsste. . . . . 8 Punkte

5. Ein Unternehmen sucht eine Persönlichkeit zur Repräsentation. Fachkenntnisse sind nicht erforderlich, dafür gute gesellschaftliche Beziehungen und entsprechendes Auftreten. Welcher von den drei Gründen wäre für Sie ausschlaggebend abzulehnen?

a) Sie wollen nicht als »Frackständer« fungieren. . . . . . 2 Punkte

b) Sie fürchten um den Kontakt mit den Mitarbeitern. . . . 8 Punkte

c) In dieser Position gibt es keinen Aufstieg mehr. . . . . . 4 Punkte

Testergebnis:

15–20 Punkte: Legen Sie eigentlich Wert darauf, Führungsqualitäten zu besitzen? Wie ja die Erfahrung lehrt, kann man auch ganz gut vorankommen, ohne »immer voran zu sein«. Dabei sind Sie durchaus der Typ, der sich nicht davor scheut, Verantwortung zu übernehmen. Aber das Drumherum ist Ihnen einfach zu »lärmend«, ja manchmal kommt es Ihnen geradezu albern vor. Eine anerkennenswerte Leistung erkennen Sie eher darin, still zu schaffen und im Hintergrund ohne Aufsehen Leistungen zu vollbringen.

21–26 Punkte: Ihre Führungsqualitäten bestreitet wohl kaum jemand. Sie würden auch niemandem die Gelegenheit dazu einräumen, denn selbst wenn Ihnen ein Schnitzer unterläuft, haben Sie ja die Fähigkeit, die Folgen als Erfolg zu deklarieren. »Der Alte ist ein Genie«, schmunzelt dann wohl mancher abseits, wird sich aber hüten, eine Diskussion mit Ihnen vom Zaun zu brechen. Und das ist fraglos eine Art von Anerkennung der Führungspersönlichkeit. Ein kritisches Stadium könnte eintreten, wenn Sie einmal gezwungen wären, ganz von vorne anzufangen, gewissermaßen ohne sich mit den bisher errungenen Lorbeeren zu legitimieren. Sich mit dieser Überlegung einmal auseinanderzusetzen, würde fraglos dazu beitragen, Ihre Führungsqualitäten in eine höhere Stufe einzuordnen.

27–30 Punkte: Ihre Führungsqualitäten sind unbestritten. Dass diese aber in Ihrer Umgebung nicht immer die rechte Würdigung erfahren, liegt einfach an dem Umstand, dass Sie nicht immer die richtigen Worte finden, um sich verständlich zu machen. Früher als andere durchschauen Sie eine Situation und können auch aus dieser zu erwartende Folgen absehen. Sie treffen dann immer richtige Entscheidungen, die von anderen aber nicht gleich begriffen werden. Dank Ihrer Persönlichkeit akzeptiert man diese Entscheidungen. Sie sollten sich aber vielleicht doch bemühen, die von Ihnen erkannten Zusammenhänge zu erklären, Sie werden sehen, wie schnell man Sie dann als Führungspersönlichkeit anerkennen wird, ohne Vorbehalte im Hintergrund zu halten.

31–35 Punkte: Wo immer man Sie auch hinsteckt, Sie werden bald »alle Fäden in der Hand« haben, selbst wenn Sie von der Materie Ihres Tätigkeitsbereiches nur äußerst beschränkt Kenntnis haben. Sie sind sozusagen die geborene Führungspersönlichkeit. Dass dies nicht immer bequem ist, haben Sie sicher schon erfahren müssen. Das darf Ihnen aber nichts ausmachen, wenn Sie Ihren Nimbus nicht einbüßen wollen.

Übung

Mit Misserfolgen umgehen

Wenn Sie vielleicht feststellen, dass Sie eine Niederlage erlitten haben, dann gehen Sie doch einmal in Gedanken zu dem Punkt, der Sie so betrübt hat. Sehen Sie sich in dieser Situation um. Wer ist beteiligt, was für eine Funktion hatten Sie an diesem Tag? Und wenn Sie sich diese Situation so von außen und mit Abstand betrachten: Was hat Ihnen in dieser Situation geholfen? Wenn Ihnen nichts einfällt, stellen Sie sich vor, Sie betrachten diese Situation als guter Freund. Was könnten Sie der Person, die Sie sehen, für einen Tipp geben? Denken Sie daran: Sie haben alle Ressourcen in sich, die Sie brauchen, um alle Situationen zu meistern.

Test: *Wäre ICH ein guter Manager?*

Nach den Gedanken zum Erfolg, ob Sie ihn haben, haben möchten oder erst einmal die Gedanken dazu zur Seite gelegt haben, hier ein Test zum Thema Manager. Für manche ein Traumberuf – für andere ein Albtraum. Und für Sie? Wie würden Sie sich bewähren im Kampf mit Terminen, E-Mails, Fahr- und Flugplänen, unzufriedenen Partnern, überarbeiteten Mitarbeitern und anderen unberechenbaren Faktoren?

1. Wenn Sie von vorne beginnen müssten, würden Sie alles daransetzen, Ihren jetzigen Beruf wieder ausüben zu können?
ja: 3 Punkte   nein: 4 Punkte

2. Beneiden Sie Leute, die mehrere Wohnsitze haben?
ja: 4 Punkte   nein: 1 Punkt

3. Können Sie die Speisefolge vom letzten Sonntag verlässlich aufzählen?
ja: 5 Punkte   nein: 3 Punkte

4. Glauben Sie, dass Sie innerhalb von 24 Stunden alles regeln könnten, um eine Überseereise anzutreten?
ja: 2 Punkte   nein: 4 Punkte

5. Wo spielten Sie als Kind lieber?
im Haus: 3 Punkte   im Freien: 4 Punkte

6. Wofür halten Sie Denkaufgaben?
a) für Zeitvertreib: 1 Punkt   b) für Gehirntraining: 4 Punkte

7. Schließen Sie gerne neue Freundschaften?
ja: 2 Punkte   nein: 6 Punkte

8. Können Sie, ohne lange zu überlegen, die Namen jener Mitschüler nennen, die während der Schulzeit neben Ihnen saßen?
ja: 5 Punkte   nein: 1 Punkt

Testergebnis:

16–20 Punkte: Da Sie sich noch nie für einen großen Manager gehalten haben, sind Sie sicher nicht enttäuscht, wenn der Test dies vollinhaltlich bestätigt. Neben anderen beachtenswerten Eigenschaften haben Sie vor allem auch diese: Sie sind absolut ehrlich gegen sich selbst, etwas, das einem Manager mitunter sogar hinderlich sein kann.

21–24 Punkte: Beschränken Sie sich auch weiterhin darauf, im Kleinen zu organisieren. Als Amateur-Manager ernteten Sie ja schon verschiedentlich Anerkennung und Beachtung. Auf hohe Ebenen des Managements wagen Sie sich besser nicht vor, Sie könnten leicht die Übersicht verlieren.

25–29 Punkte: Zweifellos haben Sie Fähigkeiten für den Managerberuf, trotz des sich manchmal abzeichnenden Hanges zur häuslichen Bequemlichkeit. Ihre Ausdauer könnte das wettmachen. Ihre Begabung, selbst verwickelte Situationen klar zu überschauen, könnte allerdings manchmal durch intuitive Temperamentsausbrüche geschmälert werden.

30–36 Punkte: Falls Sie nicht schon ein Manager sind, hätten Sie größte Begabung für diesen Job. Bei Ihrer jetzigen Tätigkeit werden Ihnen die »einschlägigen« Fähigkeiten sicherlich sehr von Nutzen sein, was sich ja schon des Öfteren gezeigt hat.

TIPP: Gedanken zum Erfolg

> *Oft und viel lachen, die Achtung intelligenter Menschen und die Zuneigung von Kindern gewinnen, die Anerkennung aufrichtiger Kritiker verdienen und den Verrat falscher Freunde ertragen; Schönheit bewundern, in anderen das Beste finden, die Welt ein klein wenig besser verlassen.*
>
> *Ob durch ein gesundes Kind, ein Stückchen Garten oder einen kleinen Beitrag zur Verbesserung der Gesellschaft, Wissen, dass wenigstens das Leben eines anderen Menschen leichter war, weil du gelebt hast. Das bedeutet, nicht umsonst gelebt zu haben.*
>
> **Ralph Waldo Emerson**

Test: *Habe ICH Talent zum Traumchef?*

Wie, glauben Sie, stellen sich Mitarbeiter den perfekten Chef vor? Wünschen Sie sich einen guten Strategen, der auch in der kniffligsten Situation noch weiß, was zu tun ist? Legen Sie Wert darauf, dass Ihr Vorgesetzter begeisterungsfähig ist und in der Lage, andere zu begeistern? Oder hat Ihr Traumchef vor allem immer ein offenes Ohr für die Anliegen seiner Angestellten?

Den »Traumchef« für alle kann es natürlich nicht geben. Aber mancher hat das Talent, viele zu überzeugen, dass er einer ist.

1. Sie sind in einer Abteilung von zwölf Mitarbeitern. Es geht nun darum, ob ein bestimmter Tag (etwa zwischen zwei Feiertagen) vorgearbeitet oder ob an diesem Tag normaler Dienst gemacht wird. Die Hälfte der Angestellten ist für Vorarbeiten. Welche Entscheidung des Chefs würde Ihnen am wenigsten gefallen?

a) Frei für alle, pro Woche eine Stunde einarbeiten. . . . . . .5 Punkte

b) Wer einarbeiten will, hat frei, die anderen machen
   normalen Dienst. . . . . .15 Punkte

c) Diesmal wird eingearbeitet, bei der nächsten
   Gelegenheit wird normal Dienst gemacht. . . . . .10 Punkte

2. Für einen in Pension gehenden Kollegen wird ein Geschenk gekauft. Wie soll es finanziert werden?

a) Die Belegschaft sammelt, der Chef verdoppelt dann
den Betrag. . . . . 15 Punkte

b) Der Chef stellt einen Betrag zur Verfügung,
die Belegschaft verdoppelt ihn durch Sammeln. . . . . . . .5 Punkte

c) Es wird unter allen gesammelt, und für den Betrag
wird dann etwas Passendes gekauft. . . . . 10 Punkte

3. Ihr junger Chef bemüht sich um eine soeben eingestellte Mitarbeiterin. Das Mädchen schenkt seine Gunst aber Ihnen. Erwarten Sie, dass der Chef

a) zur Hochzeit kommt? . . . . 15 Punkte

b) ein Hochzeitsgeschenk schickt? . . . . 10 Punkte

c) überhaupt nicht reagiert? . . . . .5 Punkte

4. Kurz vor Arbeitsschluss legt Ihnen der Chef einen Brief auf den Tisch, der von Ihnen – und zwar gleich am nächsten Morgen – beantwortet werden muss. Nun haben Sie aber mit dem Chef vereinbart, dass Sie am nächsten Tag etwas später kommen.

a) Erledigen Sie die Arbeit sofort, ohne Rücksicht auf
den baldigen Arbeitsschluss? . . . . 15 Punkte

b) Erledigen Sie die Arbeit am nächsten Tag,
sobald Sie ins Büro kommen? . . . . 10 Punkte

c) Erinnern Sie den Chef daran, dass Sie doch morgen
später kommen? . . . . .5 Punkte

5. Ein Kollege hat das Pech, ausgerechnet immer dann zu spät zu kommen, wenn ausnahmsweise einmal der Chef schon da ist. Welche von seinen Antworten würde Ihnen am besten gefallen, wenn er einmal zur Rede gestellt würde?

a) Ich komme immer pünktlich, nur sind Sie dann
leider nie da. . . . . 15 Punkte

b) Ich bringe die wenigen Minuten meiner Verspätung
durch intensiveres Arbeiten ein. . . . . .5 Punkte
c) Ich habe eine gute Ausrede, wollen Sie sie hören? . . . . 10 Punkte

Testergebnis:

25–40 Punkte: Gegen die Bezeichnung »Traumchef« hätte man bei Ihnen eine Menge einzuwenden, würde Sie aber andererseits gegen nichts in der Welt für einen sogenannten »besseren« eintauschen wollen. Sie verstehen es, auch in gehobener Position unauffällig zu bleiben, und kehren niemals den Chef hervor, was Sie besonders bei den jüngeren und ebenso bei den weiblichen Mitarbeitern beliebt macht. Männliche Mitarbeiter beneiden Sie mitunter um Ihre Fähigkeit, sich durchzusetzen.

41–55 Punkte: Ihr Talent zum Traumchef ist beachtlich. Sie verstehen es, das Gefühl zu vermitteln, für jeden da zu sein und keinen im Stich zu lassen, selbst wenn ein Mitarbeiter sich einmal nicht ganz korrekt Ihnen gegenüber verhalten hat. – Sie sind nicht nachtragend. Was man Ihnen verübelt, ist, dass Sie den Wert einer Arbeit nicht nach deren Schwierigkeiten, sondern nach der Wichtigkeit beurteilen – was ja an sich nicht falsch ist, aber von dem, der sie erledigen muss, von einer anderen Warte aus betrachtet wird.

56–65 Punkte: Für viele sind Sie ein idealer Chef. Als Traumchef bezeichnen Sie aber nur solche, die auf persönlichen Kontakt am Arbeitsplatz keinen gesteigerten Wert legen. Ihre sachliche Art, an eine Arbeit heranzugehen, verschafft Ihnen vor allem bei älteren Mitarbeitern Beliebtheit, jüngere fühlen sich aber immer etwas zu sehr belehrt. Nach Geschlechtern geteilt, werden Sie auch viel eher von den männlichen Mitarbeitern geschätzt, wohl weil Sie die Eitelkeit als Fakt zu wenig beachten.

66–75 Punkte: Wahrscheinlich vermuten Sie es gar nicht, aber Sie sind tatsächlich der Typ eines Traumchefs. Obwohl Sie mit Ernst und Gewissenhaftigkeit an die gemeinsame Arbeit herangehen, verstehen Sie es doch, den Eindruck zu vermitteln, dass nichts auf der Welt so wichtig ist wie die persönliche Welt des Einzelnen. Die Arbeit dient nur dazu, diese zu festigen. Freilich müssen Sie immer gewissenhafte Leute um sich haben, andere könnten sehr leicht Ihre Art als Oberflächlichkeit taxieren und dann leicht dazu neigen, dem »Schlendrian« zu verfallen.

Test: Werde ICH als Vorgesetzter eher geschätzt oder respektiert?

Beides zusammen ergibt das Idealbild eines Chefs. In der Praxis muss wohl aber eines überwiegen.

1. Ein Chef ist dafür bekannt, dass er, sobald er das Büro betritt, nach einem Glas Wasser verlangt. Als eine neue Angestellte davon erfuhr, brachte sie das Wasser, noch ehe er darum bat. Was meinen Sie, sagte er dazu?

a) Sind Sie auch immer so durstig wie ich?

b) Wer hat Ihnen den Auftrag gegeben?

c) Heute hätte ich das beinahe vergessen. Danke!

2. Ein Abteilungsleiter hat einen Assistenten, der ihn an Körpergröße weit überragt. Darüber werden dauernd Witze gemacht. Über welchen würden Sie sich am meisten ärgern?

a) Jetzt ist endlich jemand da, zu dem er aufblicken muss.

b) Das ist einmal einer, den er nicht an den Ohren ziehen kann.

c) Zusammen sind sie doppelt so lächerlich wie einer allein.

3. Als Sie an Ihrem Geburtstag Ihr Büro betreten, steht auf dem Schreibtisch eine Torte mit der verschnörkelten Aufschrift: »Endlich wieder ein Jahr näher zur Pensionierung.« Könnten Sie sich sofort denken, wer sich das ausgedacht hat?

a) ja

b) nein

c) nicht ganz sicher

4. Ihre Sekretärin hat sich aus eigener Schuld bei einem wichtigen Termin verspätet. Glauben Sie, dass sie es Ihnen offen eingesteht?

a) ja

b) nein

c) ich weiß nicht

5. Welche Eigenschaften schätzen Sie bei einem Mitarbeiter am höchsten?

a) Verlässlichkeit

b) Fleiß

c) Einsatzfreudigkeit

Punkteverteilung:

1. a) 2, b) 7, c) 5   **2.** a) 2, b) 5, c) 7   **3.** a) 2, b) 7, c) 5

4. a) 2, b) 7, c) 5   **5.** a) 2, b) 7, c) 5

Testergebnis:

10–18 Punkte: Sie bringen anderen großes Verständnis entgegen und werden darum auch sehr geschätzt. Dass man Sie auch respektiert, ist nur eine Folge daraus. Da Sie eine glückliche Hand in der Wahl Ihrer Mitarbeiter haben, besteht keine Gefahr, dass man Sie ausnutzt. Sollte es aber einer versuchen, wird er bestimmt von anderen zur Ordnung gerufen.

19–23 Punkte: Man respektiert Sie, aber wohl nur deshalb, weil Sie der Chef sind. Viel mehr als Respekt bringt man Ihnen Wertschätzung entgegen. Und darauf können Sie sich etwas einbilden! Auch wenn Sie eines Tages nicht mehr der Chef wären, würde man treu zu Ihnen halten, und manch einer würde vielleicht sogar eine Sprosse der eigenen Karriereleiter opfern, nur um mit Ihnen im Team bleiben zu können.

24–29 Punkte: Sie werden ebenso respektiert wie geschätzt. Das teilt sich bei allen Ihren Mitarbeitern gleichermaßen auf. Es ist kaum einer da, der Sie entweder mehr schätzen oder mehr respektieren würde. Vielleicht liegt das an Ihrer manchmal etwas unpersönlichen Art, mit Untergebenen umzugehen, ihnen aber gleichzeitig das Gefühl einer Geborgenheit zu geben. Im Großen und Ganzen kommen Sie also dem Idealbild eines Chefs sehr nahe.

30–35 Punkte: Sie haben eine Mauer um sich errichtet und geben daher kaum jemandem die Möglichkeit, Sie so gut kennenzulernen, um Ihren ganz persönlichen Wert schätzen zu können. Daher werden Sie »nur« respektiert. Das hat natürlich neben anderen auch den Vorteil, dass Sie niemals mit persönlichen Angelegenheiten Ihrer Mitarbeiter belästigt werden.

Test: Welcher Mitarbeiter-Typ bin ICH?

Um das herauszufinden, müssen Sie sich in die Rolle eines Fabeldichters versetzen. Es ist ganz leicht! Sie brauchen keine Fabel zu erfinden, Sie müssen jedoch zu einer vorliegenden, zu der es vier verschiedene Schlüsse gibt, jenen aussuchen, der am ehesten von Ihnen selbst stammen könnte. – Das ist die Testaufgabe A.

Jeder Schlussteil der Fabel hat Punkte. Ziehen Sie die Punkte des von Ihnen ausgesuchten Teils von der Punktesumme der übrigen drei ab. Die verbleibenden Punkte ergeben das Testergebnis A. Dieses verrät Ihren »Mitarbeiter-Grundtyp«.

Im zweiten Teil, der Testaufgabe B, sind 20 Thesen beziehungsweise Fragen mit »ja«, »ich weiß nicht« oder »nein« zu bewerten. Zählen Sie Ihre Punkte zusammen und Sie erfahren, zu welchem »Mitarbeiter-Typ« Sie von Ihrem Grundtyp aus tendieren. Wenn beide Testergebnisse den gleichen Typ ergeben, dann sind Sie, was allerdings nicht sehr häufig vorkommt, der eindeutige Fall eines bestimmten Typs. Viel häufiger ist eine Mischung aus zwei Typen. – Viel Spaß!

Testaufgabe A: Die Fabel

Es war einmal eine Maus. Die Maus lebte mit ihrer Familie auf dem Dachboden eines alten Bauernhauses. In dem Bauernhaus gab es, wie das so üblich ist, auch eine Katze. Aber die Katze war schon alt und gar nicht mehr dazu aufgelegt, auf die Jagd zu gehen, und so hatten die Mäuse ein recht geruhsames Leben. Sie nährten sich von den Vorräten in der Speisekammer und taten im Übrigen nichts. Eines Tages geschah etwas Schreckliches. Die Maus, von der unsere Geschichte berichtet – es war der Großvater Mäuserich –, entdeckte in der Speisekammer einen kleineren Holzzuber, der halb voll mit Milch war. Guter, frischer Kuhmilch. Unsere Maus, genäschig wie alle Mäuse, sprang auf den Rand des Gefäßes, krallte die Hinterfüßchen ein und ließ sich kopfüber hinunter zur Milch. Sie musste sich recht strecken, um an die Milch heranzukommen, aber die Anstrengung lohnte sich. Sie konnte sich mit Milch vollaufen lassen wie noch nie in ihrem Leben. Als sie so mitten im genüsslichen Schlemmen war, vernahm sie ein leises, ganz leises Geräusch. Sie drehte den Kopf – was nicht ganz ohne Mühe gelang – nach oben und sah zwei große gelbe Augen inmitten eines schrecklich schwarzen Gesichtes. Die Katze! Vor Schreck versagten der Maus die Hinterbeine, und – plumps – fiel sie in die Milch. Die Maus schrie auf vor Angst und strampelte, dass die Milch hohe Wellen schlug, und versuchte, den oberen Rand des Zubers zu erreichen, was aber nicht nur unmöglich war, es saß ja obendrein noch die Katze da. Die, vollgefressen und faul, versuchte, nach der Maus zu haschen, aber es war ihr zu anstrengend, sie gab es wieder auf und schaute interessiert zu, was weiter geschehen würde. »Ich ertrinke,« schrie die Maus, »so helft mir doch!« …

Schluss a) = 3 Punkte
… Einige andere Mäuse hörten das Geschrei. Sie kletterten auf einen Balken über dem Milchzuber, sodass die Katze sie nicht erreichen konnte, sahen, was geschehen war, und hielten Kriegsrat.
»Ich bin euer Großvater!« schrie die Maus in der Milch. »Ihr seid verpflichtet, mir zu helfen!«
»Aber wie nur?«, fragten die Mäuse.
»Verjagt vor allem die Katze!«
Die Mäuse erschraken. Wie sollten sie das nur bewerkstelligen? Aber der Großvater in der Milch wusste einen Rat: »Macht sie auf euch aufmerksam, tanzt vor ihrer Nase herum, dann wird sie euch nachsetzen, und ich bin gerettet.«
Die Mäuse taten, wie ihnen geheißen, die Katze ließ sich tatsächlich ablenken, und der Mäusegroßvater konnte, mit großen Anstrengungen, aus dem Milchzuber herausklettern. Als er dann sah, dass die Katze über alle Berge war, putzte er seinen milchverklebten Bart und ließ sich dann in aller Gemächlichkeit noch einmal in den Zuber hinunter, nahm noch einen kräftigen Schluck guter Milch und machte sich bedächtigen Schrittes auf den Heimweg.

Schluss b) = 4 Punkte

... Aber niemand außer der Katze, die die Mäusesprache nicht verstand, hörte sie. »Ich bin verloren,« wimmerte sie ganz leise und ruderte in der Milch herum. Nach einiger Zeit hatte sie sich etwas beruhigt und dachte: »Sterben muss ich so oder so irgendwann einmal, nun ertrinke ich in einem See von Milch. Eigentlich ein schöner Tod für eine Maus.«

Bei dieser Überlegung wurde sie beinahe fröhlich. Sie schwamm nun immer im Kreis, und weil sie ja sonst nichts anderes zu tun hatte, begann sie, die Kreise zu zählen, die sie herumschwamm.

Da sie nicht besonders gut im Rechnen war, brachte sie die Zahlen bald durcheinander, aber was tat das schon? Sie wusste nicht, wie lange sie so Kreis für Kreis geschwommen war, aber nach unendlich langer Zeit, da fühlte sie plötzlich, dass irgend etwas Klumpiges, beinahe Festes im Zuber mit drinnen war. Es war ein Butterklumpen, entstanden durch das ruhelose Schwimmen der Maus.

»Na also«, piepste die Maus vor sich hin. »Ich bin gerettet!« Sie kletterte auf den Butterklumpen – es war nicht ganz leicht, aber sie schaffte es, suchte sich eine gute Absprungbasis und sprang – ohne sich um die Katze Sorgen zu machen – mit aller Kraft los. Vorbei an der Nase der verdutzten Katze, und lief, was sie nur konnte, nach Hause.

Schluss c) = 6 Punkte

... Die anderen Mäuse hörten zwar das Geschrei des Mäusegroßvaters, aber als sie herbeieilten, sahen sie die böse Katze und verkrochen sich schleunigst in ihre Schlupfwinkel.

»Feige Bande!«, schimpfte die Maus in der Milch. »Aber was konnte man von euch schon anderes erwarten?«

Obwohl sie sich wirklich in großer Gefahr befand, dachte sie nicht einen Augenblick lang ans Sterben. »Ich habe schon andere Situationen gemeistert«, überlegte sie sich, »und wozu habe ich meine scharfen Zähne?«

So gut es ging, suchte sie an der Holzwand des Zubers nach einer Stelle, wo man sich ein bisschen anklammern konnte, und sie fand diese auch bald. Unverzüglich begann sie, das Holz anzuknabbern, aber es dauerte sehr lange, bis sie auch nur eine winzig kleine Vertiefung in das Holz gebissen hatte. »Das macht nichts«, tröstete sie sich. »Je länger ich brauche, desto wahrscheinlicher ist es, dass die Katze schläfrig wird und sich davonmacht.«

Und so geschah es tatsächlich. Als die Maus endlich einen zarten Lichtschimmer durch das zernagte Holz des Zubers sah, gähnte die Katze bereits gelangweilt, machte einen Katzenbuckel und schlich davon. Die Maus aber nagte weiter, bis das Loch endlich so groß war, dass sie durchschlüpfen konnte.

Schluss d) = 5 Punkte

... »Schrei nicht so«, maunzte die Katze. »Von den Deinigen kommt dir sowieso keiner zu Hilfe. Wie auch, wo ich doch hier sitze!«

Diesen klugen Worten konnte die Maus nichts entgegensetzen, sie blinzelte zur Katze hinauf und dachte bei sich: »Wenn es mir nur gelänge, sie zu meiner Verbündeten zu machen.« Nach einigem Nachdenken sagte sie: »Wir könnten einen Handel miteinander abschließen.«

»Du mit mir?«, lachte die Katze. »Ein Griff von mir, und ich habe dich!«

»Das hast du vorhin schon versucht, und es ist dir nicht gelungen«, entgegnete die Maus, tauchte aber zur Vorsicht recht tief in die Milch ein. »Wenn du aber zu mir in den Zuber kommst, erzähle ich dir etwas, das dich begeistern wird.«

»Du bist wohl übergeschnappt? Ich soll freiwillig in die Milch springen?«

»Dann eben nicht«, piepste die Maus. »Nehme ich also mein Geheimnis mit ins Grab.«

Die Katze war aber neugierig geworden. »In die Milch springen, hast du gesagt?«, fragte sie nach einer Weile.

»Mein Geheimnis wäre ein kleines Bad schon wert.«

Die Katze überlegte noch eine Weile, dann sprang sie auf den Zuberrand und ließ sich tatsächlich in die Milch fallen.

Das Unglaubliche war geschehen. Als nun die Katze in der Milch untertauchte, stieg diese bis zum Rand des Zubers, und damit hatte die Maus gerechnet. Mit einem kühnen Griff erfasste sie den Zuberrand, schwang sich hinüber und ließ sich auf der anderen Seite hinunterfallen. Als die Katze dann aus dem Milchbad kam, sah sie die Maus nicht mehr, denn diese war bereits über alle Berge.

Testergebnis A

12 Punkte: Grundtyp A) Der Gleichmäßige

10 Punkte: Grundtyp B) Der Jobber

6 Punkte: Grundtyp C) Der Beständige

8 Punkte: Grundtyp D) Der Strebsame

Testaufgabe B: (ja – ich weiß nicht – nein)

1. Das Wichtigste beim Streichen von Gartenmöbeln ist, dass die Farbe
möglichst lange hält.   1 – 3 – 2

  2. Ein Kleid muss vor allem zu seiner Trägerin passen.
    (Modische Aspekte sind zweitrangig.)   1 – 0 – 3

3. Beim Boxen ist Angriff die beste Verteidigung.   3 – 0 – 0

4. Soll man einem Hobby mehr als die Hälfte seiner Zeit widmen?   2 – 3 – 1

5. Sollen Gegenstände des täglichen Gebrauchs unbedingt auch gefällig
in der Form sein?   2 – 0 – 1

6. Eine Arbeit muss keineswegs mit Begeisterung getan werden,
Hauptsache, sie gelingt.   3 – 0 – 0

7. Ein launenhafter Vorgesetzter regt mich auf.   1 – 2 – 0

8. Es ist selbstverständlich, dass ein höheres Einkommen auch mehr
Verantwortung mit sich bringt.   3 – 1 – 0

9. Wer ein Risiko eingeht, muss unbedingt damit rechnen, dass er verliert.   1 – 2 – 3

10. Glauben Sie, dass Sie Charakterzüge eines Menschen an äußeren
Merkmalen erkennen können?   0 – 2 – 3

11. Auch wenn es von Nachteil ist, soll man in gewissen Fällen nicht
mit seiner Meinung zurückhalten.   1 – 0 – 3

12. Ein schönes, gutes Bild wirkt auf jeden Fall auch ohne Rahmen.   2 – 0 – 1

13. Im Leben muss man sich sehr oft auf sein Glück verlassen.   3 – 1 – 0

14. Geht Ihnen Eitelkeit von Leuten, mit denen Sie häufig zu tun haben,
    auf die Nerven?   2 – 3 – 1
15. Haben Sie während Ihrer Schulzeit Unterrichtsfächer, für die man
    sich vorbereiten musste, weniger geschätzt als andere etwa wie
    Turnen oder Musik?   3 – 1 – 0
16. Glauben Sie, dass Sie gerechter sind als die meisten Menschen
    Ihrer Umgebung?   2 – 0 – 0
17. Glauben Sie, dass Sie es schon weiter gebracht hätten, wenn es immer
    nur auf Leistung und Können angekommen wäre?   2 – 1 – 0
18. Leiden Sie unter Prüfungsangst?   0 – 1 – 2
19. Haben Sie das Gefühl, dass Sie, würden Sie noch einmal von
    vorne anfangen, vieles anders machen würden?   0 – 3 – 0
20. Sind Beharrlichkeit und Fleiß wichtiger als Improvisationsgabe,
    um ans Ziel zu kommen?   1 – 2 – 0

Testergebnis B:

4–17 Punkte: Sie neigen zu Typ A.
18–28 Punkte: Sie neigen zu Typ B.
29–39 Punkte: Sie neigen zu Typ C.
40–53 Punkte: Sie neigen zu Typ D.

Testauswertung:

Typ A: Der Gleichmäßige

Es gibt nichts, was ihn ablenken, nichts, was ihn während der Arbeitsstunden aufregen oder aus der Ruhe bringen könnte. Widerspricht sich der Chef gleich zweimal in einem Atemzug, wird er so tun, als hätte er es gar nicht bemerkt, wie er es auch nicht zur Kenntnis nimmt, wenn die Arbeit »wieder einmal« allen über den Kopf wächst. Er wird sein Pensum bewältigen, und wenn andere darüber staunen, denkt er sich nur seinen Teil. Er ist einfach unentbehrlich, bildet sich aber nichts darauf ein. Es gibt ihm jedoch eine innere Sicherheit und die Gewissheit, dass er einen eventuellen Betriebsuntergang eher »überlebt« als andere, die ihm vor der Nase sitzen. Denn seinesgleichen sucht und braucht man überall. Die ihm übertragenen Arbeiten führt er präzise und gewissenhaft aus und würde es selbst dann noch tun, wenn sie ganz unsinnig wären. Denn fürs Arbeiten wird er ja bezahlt! Dass es nicht unter seinem Wert geschieht, dafür weiß er zu sorgen.

Typ B: Der Jobber

Er ist vielseitig interessiert, und aus dem, was er anpackt, wird auch immer etwas Brauchbares. Aber er ist in beruflicher Hinsicht nicht sonderlich ambitioniert und legt auch keinen gesteigerten Wert auf Aufstiegsmöglichkeiten. Wichtiger ist ihm die Zahl, die auf seinem Gehaltsstreifen steht. Und wenn er woanders mehr geboten bekommt, dann wird er dort arbeiten. Bietet man ihm mehr Verdienst bei geringerem Einsatz, wird er sogar eine gewisse Begeisterung für die gebotene Tätigkeit an den Tag legen. Er ist sicher, niemals untergehen zu können, weil sich für ihn immer etwas findet, mit dem er sich zumindest über Wasser halten kann. Mitunter macht der Jobber sogar eine beachtliche Karriere. Das geschieht dann, wenn ihm der Zufall ein Plätzchen zuspielt, das er, meist aus außerberuflichen Gründen, nicht wieder verlassen will. Von Vorgesetzten wird er sehr geschätzt, weil er eine einmal übernommene Arbeit verlässlich erledigt.

Typ C: Der Beständige

Es kommt ihm gar nicht so sehr darauf an, was er tut, Hauptsache, es besteht Aussicht, es möglichst lange, womöglich bis zur Pensionierung tun zu können. Das Einzige, was seine Beharrlichkeit eventuell mindern könnte, ist die Aussicht auf eine wesentlich bessere Dotierung seiner Tätigkeit, aber auch da muss eine Basis auf lange Sicht in Aussicht gestellt sein. Sogenannte Blitzkarrieren anderer sind ihm geradezu unheimlich.

Sein eigener Aufstieg muss Stufe um Stufe auf festem Fundament aufgebaut sein, und er hat es am liebsten, wenn sein Beförderungsschema von vornherein festgelegt ist. Er wird gern Vorgesetzter, erledigt dann seine Pflichten musterhaft, schätzt es aber nicht, ganz an die Spitze gestellt zu werden; wenn er immer noch einen Chef über sich hat, ist er glücklich und zufrieden. Für eventuelle Fehler seiner Untergebenen fühlt er sich nach oben hin persönlich verantwortlich! Kritik an der »Spitze« darf in seiner Gegenwart nicht geübt werden, aber er duldet auch nicht, dass an seinen anderen Mitarbeitern etwas ausgesetzt wird.

Typ D: Der Strebsame

Er ist strebsam, aber kein »Streber«, Fleiß und Beharrlichkeit zeichnen ihn aus, doch er möchte kein »Musterknabe« sein. Es stört ihn nicht, ganz unten anzufangen, von wo er sich in der Regel sehr schnell hocharbeitet. Oft ist er schon in jungen Jahren Leiter einer Abteilung oder »Boss« eines Teams, wo er sich als konsequenter Vorgesetzter erweist, der von seinen Untergebenen sehr geschätzt wird. Geht eine einmal errungene Position wieder verloren, fängt er ungerührt noch einmal von vorne an. In späteren Jahren schätzt er es sehr, Ehrungen und Auszeichnungen zu empfangen, auch wenn diese keine materiellen Vorteile mit sich bringen. Das kann er sich in der Regel dann auch leisten, denn in materieller Hinsicht versteht er es, sich von vornherein eine gute Plattform zu schaffen. Vorgesetzten gegenüber verhält er sich eher zurückhaltend, schreckt aber nicht davor zurück, seine Meinung mit Nachdruck zu äußern, wenn er sich im Recht weiß.

Übung

Der erste Eindruck

Sie haben ein Vorstellungsgespräch und möchten gut wirken. Es fängt bei der Auswahl der Kleidung an. Als wen soll Sie Ihr zukünftiger Chef wahrnehmen? Als schrillen Vogel, als graue Maus, als mondänen Arbeitnehmer? Nehmen Sie die andere Perspektive ein.

Wie wirke ich für andere Augen, wenn ich im schwarzen Anzug erscheine? Wie sieht für jemanden mir Unbekannten das gelbe Kostüm aus?

Das Argument bei Bewerbern ist: Er lernt mich kennen, sieht an den Zeugnissen, was ich kann. Im Gespräch werde ich mich noch präsentieren, doch:

You never get a second chance to make a first impression – es gibt keine zweite Chance für einen ersten Eindruck.

Seien Sie authentisch in Inhalt und Körpersprache, Sie haben circa 30 Sekunden Zeit, einen bleibenden Eindruck zu hinterlassen.

TIPPS

- Es lohnt sich, sich vorher über die Wirkung Gedanken zu machen.
- Was mache ich bei dem Gespräch/Zusammentreffen?
- Was kann ich besonders gut, das ich im Gespräch einsetzen werde?
- Was ist das Besondere an mir, über das ich berichten möchte?
- Was bedeutet mir dieses Treffen?
- Inwieweit erlaube ich mir zu wählen, ob mir die ausgeschriebene Stelle zusagt?

Test: Kann ICH meinem Chef ein Lächeln entlocken?

1. Auf dem Markusplatz in Venedig steht Herr Huber und filmt. Einer seiner Mitarbeiter kommt zufällig dazu. Welche seiner Fragen halten Sie für eine echte Verlegenheitsfrage?

a) Filmen Sie immer im Urlaub, Herr Huber?

b) Haben Sie das schon einmal bei Hochwasser gefilmt?

c) Haben Sie auch schon Gondeln auf Ihrem Film?

d) Welche Kamera verwenden Sie?

2. In den Badestuben des Mittelalters ging es immer sehr heiter zu. Warum?

a) Weil die Leute damals noch Humor hatten.

b) Weil die Leute sonst nichts zu lachen hatten.

c) Weil sie nur selten badeten.

d) Woher soll ich das wissen?

3. Die Sekretärin hat auf dem Firmenparkplatz das neue Auto des Chefs leicht beschädigt. Zerknirscht gesteht sie es, aber der Chef lacht und meint: »Das kann jedem passieren.« Warum ist er so großzügig?

a) Da müsste man wohl die Dame selbst fragen.

b) Weil er eben ein großzügiger Mensch ist.

c) Was bleibt ihm schon anderes übrig?

d) Weil er sich mit Kleinigkeiten nicht abgibt.

4. Die Frau des Chefs kommt ins Büro und hängt ganz in Gedanken auch ihr Haarteil auf den Kleiderhaken. Soll man sie darauf aufmerksam machen?

a) Nein, warum denn?

b) Selbstverständlich

c) Sie nicht, aber der Chef

d) Ich weiß nicht recht

5. Auf einer Witzseite ist eine Karikatur, die Ihrem Vorgesetzten verblüffend ähnelt. Er scheint es aber als Einziger nicht zu bemerken. Wieso?

a) Weil man sich in einer Karikatur selber nie erkennt.

b) Er tut ja nur, als ob er es nicht bemerke.

c) Weil er dann notgedrungen über sich selber lachen müsste.

d) Weil er für so etwas nichts übrig hat.

6. Der Chef erzählt einen Witz, alles lacht, nur der Lehrling Bernhard verzieht keine Miene. Wieso?

a) Vielleicht ist seine Lehrzeit bald zu Ende.

b) Weil die Jugend einen anderen Humor hat.

c) Weil er den Witz selber dem Chef erzählt hat.

d) Weil der Witz gar nicht so komisch ist.

7. Sie haben sich das Rauchen abgewöhnt, aber der Chef bietet Ihnen immer wieder eine Zigarette an. Warum?

a) Weil er weiß, dass ich ablehne.

b) Er will mich auf die Probe stellen.

c) Er kann sich nicht vorstellen, das Rauchen aufzugeben.

d) Er ist nun einmal zerstreut.

8. Der Chef feiert einen runden Geburtstag, und seine Mitarbeiter beraten über ein passendes Geschenk. Wofür stimmen Sie?

a) Zigarren und Wein

b) ein Notizbuch mit Namensprägung

c) ein Gruppenfoto seiner Belegschaft

d) ein Buch über erfolgreiche Unternehmer

9. Warum ärgern sich manche Leute nie über ihren Chef?

a) Weil er eben ein prima Kerl ist.

b) Das kann ich mir nicht vorstellen.

c) Weil ihnen wohl alles gleichgültig ist.

d) Vielleicht haben die gar keinen richtigen Chef.

10. Welchen Fehler würden Sie sich selber am ehesten eingestehen, wenn Sie ein Chef wären?

a) Ich wäre viel zu gutmütig.
b) Vielleicht wäre ich auch launenhaft.
c) Selbstverständlich gar keinen!
d) Ich wäre nicht großzügig genug.

Punkteverteilung:

1. a) 6, b) 4, c) 2, d) 1   **2.** a) 1, b) 4, c) 5, d) 2   **3.** a) 7, b) 3, c) 5, d) 2

4. a) 4, b) 2, c) 6, d) 1   **5.** a) 2, b) 7, c) 5, d) 3   **6.** a) 6, b) 1, c) 3, d) 2

7. a) 4, b) 2, c) 0, d) 1   **8.** a) 1, b) 2, c) 3, d) 5   **9.** a) 1, b) 2, c) 0, d) 3

10. a) 1, b) 2, c) 6, d) 4

Testergebnis:

Bis 21 Punkte: Es muss leider gesagt werden, dass Sie kaum in der Lage sind, Ihrem Chef ein Lächeln zu entlocken. Sie sind ein zu wertvoller Mitarbeiter, über den zu lächeln oder am Ende gar zu lachen sich der Chef einfach nicht erlauben kann. Überlassen Sie es auch weiterhin anderen, ihm ein mehr oder weniger tiefgründiges Lächeln zu entlocken – was übrigens auch den Vorteil hat, dass Sie diskret mitlächeln dürfen, ohne irgendeine Gefahr zu laufen. Einen Trost gibt es für Sie: Vielleicht lächelt er manchmal über Sie, ohne dass Sie es merken.

22–31 Punkte: Sie scheinen ein sehr ernst veranlagter Mensch zu sein, gerade darum kann es Ihnen aber ohne Weiteres gelingen, Ihrem Chef ein Lächeln zu entlocken! Fragen Sie ihn also in Ihrer bewährt ernsten Art, ob er nicht Ihr Gehalt verdoppeln möchte. Das ist gleichzeitig ein Test, ob er Humor hat. Hat er nämlich welchen, dann tut er es ohne Zögern. Ist er einer jener (leider) sehr zahlreichen humorlosen Typen, dann wird er nicht nur lächeln, sondern sogar lachen. Womit eindeutig bewiesen wäre, dass Sie ihn dazu bringen können!

32–47 Punkte: Sie scheinen ein fein ausgebildetes Fingerspitzengefühl dafür zu haben, wann der Chef in gehobener Laune und daher auch zum Lächeln aufgelegt ist. Nützen Sie das! Am besten, indem Sie ihn in geschickter Diskretheit an irgendeinen seiner letzten Irrtümer erinnern. Er wird dabei gar nicht anders können, als lauthals zu lachen. Beherzigen Sie dabei aber eine alte Weisheit erfahrener Berufskomiker: Lachen

Sie nicht mit, wenn andere über Ihre Witze lachen. In diesem Fall braucht Ihnen dann auch das Lachen nicht zu vergehen.

Über 48 Punkte: Natürlich können Sie das! Aber Sie müssen verschiedene, in Ihnen tief gelegene Hemmungen loswerden! Da ist einmal Ihr Komplex, dass jeder Chef auch außerhalb der dienstlichen Obliegenheiten besonders hohe Erwartungen in die geistige Kapazität seiner Mitarbeiter und Mitläufer stellt. Das stimmt nicht! Außerhalb der Dienstzeit ist auch der Chef ein frohgemuter Mensch, der gerne lacht. Am liebsten über andere. Also bemühen Sie sich ruhig in seiner Gegenwart, hin und wieder etwas Lustiges zu erfinden. Wenn schon nicht offen, wird er später über Sie lächeln. Und das ist schließlich auch etwas wert.

Test: Habe ICH wirklich den richtigen Beruf?

Gefällt Ihnen Ihre Arbeit hundertprozentig? Sind Sie voll ausgelastet und gefordert? Entspricht die Arbeit Ihren Fähigkeiten? Vielleicht gibt die ehrliche Antwort auf diese Fragen den Anstoß für Sie, Ihr Arbeitsfeld zu wechseln.

1. Wie lange sind Sie schon an dieser Arbeitsstelle?
a) mehr als 1 Jahr
b) mehr als 5 Jahre
c) zu lange

2. Wie kamen Sie an diesen Job?
a) durch reinen Zufall
b) durch gezieltes Vorgehen
c) es ergab sich so

3. Wie gut kommen Sie mit Ihrem Vorgesetzten aus?
a) überhaupt nicht
b) recht gut
c) man arrangiert sich

4. Wenn Sie am Abend nach Hause kommen, sind Sie
a) müde, aber nicht übermäßig
b) müde, aber mit dem Gefühl, etwas geschafft zu haben
c) total fertig

5) Wenn man Ihnen morgen einen neuen Job anböte, was würde Sie am meisten reizen?
a) bessere Bezahlung
b) verbesserte Aufstiegschancen
c) die Aussicht auf mehr Sicherheit/eine höhere Rente

6. Wenn Sie erschöpft oder gelangweilt von der ermüdenden Aussicht Ihrer gegenwärtigen Arbeit sind, was tun Sie dann am liebsten?
a) beneiden andere um ihren besseren oder angenehmeren Job
b) träumen von einer besseren Zukunft
c) überlegen sich ernsthaft, eine andere Stelle zu suchen

7. Abgesehen von dem Geld, das Sie verdienen, fragen Sie sich manchmal: »Wozu das alles?«
a) nie
b) manchmal
c) oft genug

8. Sind Sie am glücklichsten, wenn Sie sich sehen als
a) kleines Rad in einem großen Getriebe
b) ein großes Rad in einem kleinen Getriebe
c) der Mann/die Frau, der/die alles in Bewegung bringt
d) der-/diejenige, der alles auf die Füße stellt

9. Welche Arbeit sagt Ihnen am meisten zu?
a) Büro- oder andere Arbeit innerhalb des Hauses
b) Arbeit an der frischen Luft
c) Außendienst, bei dem Sie viel reisen und Leute treffen

10. Inwieweit stimmt Ihr gegenwärtiger Job mit den Antworten der Frage Nr. 9 überein?

a) nicht im Entferntesten
b) ziemlich nahe daran
c) mehr oder weniger genau

11. Kommen Sie schon mal in die Verlegenheit, eine Arbeit zu tun, die Sie eigentlich gar nichts angeht?

a) recht oft
b) nein, niemals
c) hin und wieder

12. Was hat Ihnen Ihre Beschäftigung am ehesten eingetragen?

a) Ich kam gerade damit über die Runden.
b) eine beruhigende Befriedigung
c) echten Spaß und Auftrieb

Punkteverteilung:

1. a) 5, b) 10, c) 0   **2.** a) 3, b) 9, c) 5   **3.** a) 0, b) 9, c) 6

4. a) 7, b) 10, c) 2   **5.** a) 3, b) 8, c) 5   **6.** a) 1, b) 0, c) 9

7. a) 10, b) 6, c) 2   **8.** a) 7, b) 8, c) 9, d) 9   **9.** a) 8, b) 4, c) 6

10. a) 0, b) 1, c) 10   **11.** a) 2, b) 10, c) 5   **12.** a) 2, b) 7, c) 10

Testauswertung:

Über 100 Punkte: Seien Sie zufrieden, Sie haben den richtigen Job. Sie waren klug (oder haben Sie Glück gehabt?), sich für die richtige Laufbahn zu entscheiden.

Zwischen 80 und 99 Punkten: Im Moment scheinen Sie den richtigen Job zu haben. Was aber nicht ausschließt, dass Sie nicht doch noch einen anderen Weg einschlagen.

Zwischen 50 und 79 Punkten: Die Arbeit sagt Ihnen nicht ganz zu – oder? Aber vielleicht sind Sie einer von jenen, die zufrieden sind mit dem, was sie haben. Warum sich dann also Sorgen machen?

Zwischen 25 und 49 Punkten: Sie haben ganz eindeutig den falschen Job! Und je eher Sie eine Alternative finden, desto besser für Sie und Ihre Umgebung!

Sollten Sie eine niedrige Punktzahl erreicht haben, ist es Zeit, sich über neue Möglichkeiten und Ziele Gedanken zu machen. Gehen Sie in ihr Lebenskino in den Teil Visionen. Wo sehen Sie sich, wenn Sie in Ihrem Beruf zufrieden sind? Die folgende Übung wird Ihnen dabei helfen. Stellen Sie sich dabei die derzeitige Situation vor und im nächsten Schritt gehen Sie zu Ihrer Vision, Ihrem Ziel und stellen sich die gleichen Fragen. Dabei braucht es keine konkrete Vorstellung von Ihrem künftigen Arbeitsplatz.

Übung

Gedanken zum Thema mein Arbeitsplatz:

- Was ist meine Aufgabe, was mache ich?
- Wie mache ich es?
- Was bedeutet es mir, genau diesen Beruf zu haben?
- Was stelle ich mir für die Zukunft vor?
- Was tue ich dann?
- Wie mache ich meinen Beruf dann (egal was es ist)?
- Was bedeutet es mir, diese Stelle zu haben?

TIPPS

- Schreiben Sie auf, was zurzeit an Ihrem Job gut ist, was Ihnen gefällt und wie Sie das auch Ihren Kollegen mitteilen können.
- Notieren Sie, falls Sie einen neuen Weg beschreiben wollen, in der nächsten Zeit alles, das Ihnen bei anderen auffällt, die einen Beruf haben, der ihnen mehr Freude bereitet als Ihnen. Was fällt Ihnen bei den anderen auf? Was können Sie daraus für sich lernen?

MEINE FAMILIE

»Zwei Dinge sollen Kinder von ihren Eltern bekommen: Wurzeln und Flügel.«
Johann Wolfgang von Goethe

In Ihrem Lebenskino haben Sie schon verschiedene Facetten zu Ihrer Familie beleuchtet. Unsere Familie prägt uns und wir erkennen uns sehr oft, wie im Spiegel, in unseren Eltern wieder. Hier geht es darum, das Bild mit den Menschen, die zu Ihnen gehören, abzurunden.

- Wie ist das Verhältnis zu Ihren Eltern?
- Wie dachten Sie als Kind über Ihre Eltern?
- Wie denken Sie heute über Ihre Eltern?
- Wie sehen Sie Ihre Geschwister?
- damals?
- und heute?
- Wie sehen Ihre Eltern Sie?
- damals?
- und heute?
- Worauf sind Ihre Eltern stolz, wenn sie an Sie denken?
- Wie sehen Ihre Geschwister Sie?
- damals?
- und heute?
- Worauf sind Ihre Geschwister stolz, wenn sie an Sie denken?
- Wer gehört heute dazu?
- Ihr Partner?

Beschreiben Sie drei Dinge, die Ihr Partner an Ihnen schätzt:

1. _____

_____

2. _____

_____

3. _____
_____

Ihre Kinder?
Beschreiben Sie drei Dinge, die Ihre Kinder an Ihnen schätzen:

1. _____
_____

2. _____
_____

3. _____
_____

Test: Führe ICH ein glückliches Familienleben?

Natürlich, werden Sie sagen, meine Familie ist glücklich! Oder: Nein, wir führen kein glückliches Familienleben! Vielleicht lässt sich da etwas machen? Versuchen Sie diesen Test, er kann Ihnen unter Umständen helfen und/oder neue Erkenntnisse verschaffen.

1. Gibt es in Ihrer Familie jemanden, der an Freude und Spaß im Familienkreis keinen Anteil nimmt?
a) nein
b) ja
c) fällt mir nicht auf

2. Sind Spitz- und Kosenamen in Ihrer Familie üblich?
a) ja
b) nein
c) nur unter den Kindern

3. Ist Ihr Heim so etwas wie ein kleines Paradies für andere Kinder, unerwartete Besucher, Tiere, oder sogar ein Platz, wo man Probleme abladen kann?

a) manchmal

b) nein

c) jederzeit

4. Wie werden die Tagesprobleme in Ihrer Familie besprochen?

a) frei in Gegenwart von jedem

b) nur mit dem einen/anderen Elternteil oder beiden

c) ganz im Geheimen, falls überhaupt

5. Fühlen sich die Kinder in Gegenwart von Vater/Mutter gelangweilt?

a) nicht, soweit es Ihnen bewusst ist

b) bei ganz seltenen Gelegenheiten

c) mitunter

6. Haben Sie das ganze Jahr hindurch noch gemeinsame Freude an Ihren Familienferien?

a) nein

b) ja

c) selten

7. Erhalten Sie je Geschenke von Ihren Kindern außer an Geburtstagen und Weihnachten?

a) gelegentlich

b) ja, ziemlich regelmäßig

c) nein

8. Wie finden Sie altbewährte Familienscherze?

a) erfreulich amüsant

b) leicht boshaft

c) dumm

9. Halten Sie viel von Familiendisziplin?

a) wenig
b) eine ganze Menge
c) in fairen Grenzen

10. Wie glücklich sind Sie in Ihrer Familie?

a) einigermaßen
b) hin und wieder
c) fast immer

Punkteverteilung:

1. a) 10, b) 5, c) 0   **2.** a) 10, b) 0, c) 5   **3.** a) 5, b) 0, c) 10

4. a) 5, b) 10, c) 0   **5.** a) 10, b) 5, c) 0   **6.** a) 0, b) 10, c) 0

7. a) 5, b) 10, c) 0   **8.** a) 10, b) 5, c) 0   **9.** a) 0, b) 5, c) 10

10. a) 5, b) 0, c) 10

Testauswertung:

100 Punkte: Herzlichen Glückwunsch zu Ihrem Familienleben!

80–95 Punkte: Ja, alle Achtung! Ihr Familienleben läuft erfreulich, und da ist kaum etwas, das besser gemacht werden könnte.

60–80 Punkte: Durchschnittliches Familienglück. Sie können immer etwas verbessern. Fangen Sie noch heute damit an!

40–60 Punkte: Sie haben offenbar noch nicht viel über das Glück Ihrer Familie nachgedacht! Es wird Zeit, dass Sie es tun.

Unter 40 Punkte: Optimieren Sie Ihr Familienleben, denken Sie über Ursachen und Hilfe nach.

Man kann seine Kinder noch so gut erziehen,
sie machen einem doch alles nach.

Test: Bin ICH ein idealer Ehepartner?

Liebe und Zuneigung sind unbestritten die wichtigsten Voraussetzungen für die Ehe. Aber – wie Psychologen und Eheberater heute immer häufiger betonen – sind auch der Wille und die Fähigkeit zum Gelingen einer haltbaren Zweiergemeinschaft von grundlegender Bedeutung. Es gehört also auch »Talent« dazu, sich in die Ehe einzufügen. Wo es fehlt – und sei es nur auf einer Seite –, kann der Weg nur allzu bald zum Scheidungsanwalt führen. Testen Sie sich, ob Sie ein guter oder gar idealer Ehepartner sind!

1. Ihr Partner hat Angewohnheiten, die an sich harmlos sind, aber die Sie nicht ausstehen können. Wie reagieren Sie?
a) Ich versuche, diese Angewohnheiten zu ignorieren.. . . .3 Punkte
b) Ich mache das meinem Partner in einem Gespräch klar. . . .2 Punkte
c) Ich schlage einen »Tausch« vor: meine schlechten
Angewohnheiten gegen deine! . . . . .0 Punkte
d) Harmlose Angewohnheiten sind unwichtig,
ich nehme sie einfach hin. . . . . .4 Punkte

2. Ihr Partner scheint irgendetwas vor Ihnen zu verheimlichen. Warum wohl?
a) weil ich mich darüber ärgern könnte . . . . .3 Punkte
b) weil es ihm selber Kummer bereitet . . . . .4 Punkte
c) weil er mir Sorgen ersparen möchte . . . . .5 Punkte
d) kann ich mir nicht erklären. . . . . .1 Punkt

3. Wie beurteilen Sie den Eindruck Ihres Partners auf das andere Geschlecht?
a) begehrenswert . . . . .4 Punkte
b) unnahbar . . . . .1 Punkt
c) verführerisch . . . . .3 Punkte
d) kühl . . . . .0 Punkte

4. Warum möchte Ihr Partner immer genau wissen, wo Sie zu erreichen sind?

a) aus Neugier . . . . 3 Punkte

b) aus Misstrauen . . . . 2 Punkte

c) der Ordnung halber . . . . 4 Punkte

d) aus Besorgnis . . . . 5 Punkte

5. Warum soll man einen Seitensprung seinem Partner unbedingt verheimlichen?

a) um unnütze Komplikationen zu vermeiden . . . . 6 Punkte

b) um ihn nicht »zur Rache« herauszufordern . . . . 3 Punkte

c) um das gute Einvernehmen nicht zu stören . . . . 1 Punkt

d) weil man so etwas selbstverständlich für sich behält . . 0 Punkte

6. Was halten Sie von Liebesbriefen?

a) sind Relikte aus vergangener Zeit . . . . 1 Punkt

b) Liebesbriefe – gar unter Ehepartnern? – Unsinn! . . . . . 0 Punkte

c) liest man nach Jahren wohl gerne wieder . . . . 4 Punkte

d) werden niemals unmodern . . . . 5 Punkte

7. Ihr Partner lobt bestimmte Eigenschaften an einer anderen Person Ihres Geschlechts. Wie reagieren Sie am ehesten?

a) Ich stimme in das Lob mit ein. . . . . 4 Punkte

b) Ich gebe zu, dass mir diese Eigenschaften fehlen. . . . . 3 Punkte

c) Ich weise auf die Fehler hin, die der- oder diejenige hat . . 1 Punkt

d) mit stummem Lächeln . . . . 0 Punkte

8. Welchen Grund könnten Sie am ehesten verstehen, wenn sich ein Partner – auch nach längerer Zweiergemeinschaft – einem anderen zuwendet? . . . . (männl. /weibl. Testperson)

a) eine große Liebe . . . . 2 / 1 Punkte

b) sexuelle Belange . . . . 3 / 3 Punkte

c) allgemeine Unstimmigkeiten . . . . 4 / 5 Punkte

d) Vernachlässigung. . . . . 5 / 6 Punkte

9. Was sagen Sie zu gelegentlichem Partnertausch?

a) hat es schon immer gegeben . . . . 7 Punkte

b) mag ganz lustig sein . . . . 2 Punkte

c) wem das Spaß macht? . . . . 3 Punkte

d) ist nicht in Erwägung zu ziehen . . . . 6 Punkte

10. Ihr Partner bekundet gegen eine Person aus Ihrem Bekanntenkreis eine unbegründbare Ablehnung. Wie bringen Sie ihn davon ab?

a) Gar nicht. Ich verzichte auf den Umgang mit
   dieser Person . . . . 2 Punkte

b) durch klärende Aussprachen . . . . 0 Punkte

c) Ich kehre das Positive dieser Person heraus . . . . 3 Punkte

d) Mit der Zeit werden die Vorurteile sicher verblassen . . . 4 Punkte

**11. In einem bestimmten Bereich (Musik, Theater, Film ...) haben Sie nicht die gleichen Interessen wie Ihr Partner.
Wie regeln Sie das?**

a) Jeder geht seinem Interessengebiet alleine nach. . . . . 1 Punkt

b) Wir einigen uns in jedem Fall auf ein gemeinsames
   Gebiet . . . . 3 Punkte

c) das eigene Gebiet dem Partner schmackhaft machen . 4 Punkte

d) unbedingt am Interessengebiet des Partners
   teilnehmen . . . . 5 Punkte

12. Halten Sie es in einer Zweierpartnerschaft für unbedingt wichtig, dass Briefe an einen der Partner auch vom anderen geöffnet werden?

a) ja . . . . 3 Punkte

b) nein . . . . 5 Punkte

13. Kreuzen Sie die drei wichtigsten Faktoren für eine gute Partnerschaft an:

a) Toleranz. . . . . 0 Punkte

X b) Vertrauen. . . . . 2 Punkte

c) Sex. . . . . 2 Punkte

X d) gemeinsame Ziele . . . . 1 Punkt

e) Verständnis. . . . . 1 Punkt

X f) Liebe . . . . 3 Punkte

14. Was würden Sie am ehesten als einen nur kleinen Fehler an Ihrem Partner betrachten?

a) Eigensinn. . . . . 3 Punkte

b) Eifersucht. . . . . 5 Punkte

X c) Nachträglichkeit . . . . 1 Punkt

d) Neugier. . . . . 6 Punkte

15. Ihr Alter

a) bis 21 Jahre . . . . 1 Punkt

b) von 22 bis 29 Jahre. 2 Punkte

X c) von 30 bis 42 Jahre. 3 Punkte

d) älter als 42 Jahre . . . . 4 Punkte

16. Ihr Geschlecht:

a) männlich. . . . . 1 Punkt

X b) weiblich. . . . . 3 Punkte

Testauswertung:

15–28 Punkte: Sie haben fraglos ganz ausgezeichnete Eigenschaften für einen Partner. Allerdings darf die Partnerschaft nicht allzu lange dauern! Idealer Ehepartner sind Sie also keiner. Falls Sie das noch nicht gemerkt haben sollten, werden Sie sicher bald dahinterkommen!

29–41 Punkte: Was Sie vor allem brauchen, ist ein ganz hervorragend idealer Ehepartner, denn Ihnen fehlt gar manches, selber ein solcher zu sein. Ihnen muss man sich in jeder Hinsicht anpassen, ja, man muss sich auch unterordnen können. Trifft das ein, dann klappt es bestens.

42–55 Punkte: Sie zählen zum guten Durchschnitt der Ehepartner. Ideal sind Sie wohl nicht, aber mit ein bisschen Nachsicht kommt man mit Ihnen ganz gut zurecht. Denn was Ihnen zum idealen Ehepartner auch fehlen mag, Sie gleichen es mit Toleranz und gutem Willen reichlich aus.

56–70 Punkte: Sie stehen knapp an der Grenze zum idealen Ehepartner. Die Eigenschaften, die Ihnen fehlen, einer zu sein, gleichen Sie durch Einsicht und gelegentliches Selbsterkennen weitgehendst aus. Wenn trotzdem etwas schiefgeht, müssen schon andere Ursachen vorliegen.

71–76 Punkte: Sie haben alle Eigenschaften und charakterlichen Merkmale, ein idealer Ehepartner zu sein. Unter diesem Aspekt kann nichts schiefgehen. Bleibt also nur zu hoffen, dass auch Ihr Partner die annähernd gleiche Punktezahl erreicht!

Test: Wer ist in meinem Leben der Boss?

Haben Sie zu Hause die Hosen an und treffen alle Entscheidungen? Sind Sie der alles beherrschende Typ oder sind Sie nur die kleine Maus, zu ängstlich, um Ihre Meinung zu sagen, aus Furcht, Ihren Partner zu verärgern?
Dieser Test kann Ihnen helfen herauszufinden, wer zu Hause das Sagen hat.

1. Sieht Ihr Partner Sie als

a) Vater-/Mutterfigur?
b) jemanden, um den man sich kümmern muss?
c) einen gleichwertigen Partner bei Familienfragen?

2. Wenn Ihr Partner berühmt würde, wären Sie

a) entzückt?
b) eifersüchtig?
c) höchst überrascht?

3. Sie kommen mit schlechter Laune zu einer Verabredung. Wird er/sie

a) sie Ihnen allmählich ausreden?

b) so misslaunig werden wie Sie?

X c) Ihnen sagen, nicht alles übergenau zu nehmen?

4. Wenn Ihr Partner eine schwerwiegende Entscheidung zu treffen hat,

a) spricht er mit Ihnen darüber?

X b) macht er es im Alleingang?

c) folgt er Ihrem Rat?

5. Wer möchten Sie am liebsten sein?

a) Angela Merkel oder Präsident Obama

b) Madonna oder Dieter Bohlen

X c) Meryl Streep oder Prinz William

6. Sie sind bei einem wichtigen gesellschaftlichen Anlass aufgefallen. Ist Ihr Partner später

a) böse?

b) unangenehm berührt?

X c) amüsiert?

7. Wenn Sie herausfänden, dass Ihr Partner Sie betrogen hätte, würden Sie

a) ihm/ihr Ihre Meinung sagen und es dann vergessen und vergeben?

b) ihn/sie verlassen?

X c) auf Monate oder Jahre beleidigt sein?

d) sich sagen: so sind die Menschen nun mal, und sich damit abfinden?

8. Wenn einer von Ihnen bei der Liebe keinen Höhepunkt erreicht, sind das häufiger

X a) Sie?

b) Ihr Partner?

9. Wenn Ihr Partner etwas plant, das in Ihren Augen ein Fehler zu sein scheint,

a) sagen Sie ihm, den Plan zu ändern?

✗ b) erzählen Sie ihm Ihre Bedenken?

c) halten Sie den Mund und denken: »Er/Sie wird es schon wissen?«

10. Wessen Freunde werden am häufigsten eingeladen?

✗ a) Ihre

b) die Ihres Partners

c) oder haben Sie fast nur gemeinsame Freunde?

11. Wenn Sie einen Vorschlag machen,

✗ a) ist Ihr Partner meistens einverstanden

b) macht er/sie einen Alternativvorschlag, den Sie akzeptieren

c) geht er/sie auf Ihren Vorschlag ein unter der Bedingung, dass beim nächsten Mal seinem Wunsch nachgekommen wird

12. Wenn er/sie krank ist, sind Sie

a) voller Sympathie

✗ b) ärgerlich

c) unsicher und hilflos

13. Wer behält bei Auseinandersetzungen meistens recht?

✗ a) Sie

b) Ihr Partner

c) niemand, Sie stimmen überein

14. Welche dieser Farben gefällt Ihnen am besten?

a) Rot

b) Blau

c) Gelb

✗ d) Grün

15. Ihr Partner meint, Sie hätten zu viel Geld für etwas ganz Persönliches ausgegeben:

a) Fühlen Sie sich schuldig?

b) Weisen Sie ihn darauf hin, dass Sie ja schließlich für Ihr Geld arbeiten und berechtigt sind, es zu Ihrer Freude auszugeben?

c) Haben Sie einen heftigen Streit?

16. Wer wählt die meisten Ihrer Anschaffungen aus, wie Möbel oder Lampen?

a) Sie

b) Ihr Partner

c) Sie beide zusammen

17. Ihr Partner kritisiert mit Grund etwas, was Sie getan haben.

a) Verteidigen Sie sich ärgerlich und schwören, es ihm/ihr heimzuzahlen?

b) Geben Sie ihm/ihr recht und versuchen, die Sache in Ordnung zu bringen?

c) Erklären Sie, warum Ihre Handlungsweise zu dem Zeitpunkt das einzig Richtige zu sein schien?

18. Sie brauchen einen neuen Anzug/ein neues Kleid:

a) Kaufen Sie es sich?

b) Kaufen Sie es nur, wenn Ihr Partner einverstanden ist?

c) Wenn er/sie einverstanden ist, suchen Sie ihn/es zusammen aus?

Für die Dame
19. Was ist so Besonderes an ihm?

a) Er erinnert Sie an Ihren Vater.

b) Er ist so sexy.

c) Er erweckt das Gefühl, dass man sich um ihn kümmern muss.

Für den Herrn
20. Was beeindruckte Sie zuerst an ihr?
a) Ihre etwas verschüchterte Art weckte Ihren Beschützerinstinkt.
b) Ihr Sinn für Humor
c) Ihre Oberweite

Punkteverteilung:

1. a) 2, b) 0, c) 1	**2.** a) 1, b) 0, c) 2	**3.** a) 0, b) 2, c) 1
4. a) 1, b) 0, c) 2	**5.** a) 2, b) 1, c) 0	**6.** a) 1, b) 2, c) 0
7. a) 2, b) 2, c) 1, d) 0	**8.** a) 2, b) 0	**9.** a) 2, b) 1, c) 0
10. a) 2, b) 0, c) 1	**11.** a) 2, b) 0, c) 1	**12.** a) 2, b) 1, c) 0
13. a) 2, b) 0, c) 1	**14.** a) 0, b) 3, c) 2, d) 1	**15.** a) 0, b) 2, c) 1
16. a) 2, b) 0, c) 1	**17.** a) 1, b) 0, c) 2	**18.** a) 2, b) 1, c) 0
19. a) 0, b) 1, c) 2	**20.** a) 2, b) 1, c) 0	

Testauswertung:

0–12 Punkte: Vielleicht macht es Ihnen Freude, immer das zu tun, was Ihr Partner für richtig hält. Oder möchten Sie nicht doch ab und zu mal zu verstehen geben, dass Sie eigentlich anderer Meinung sind oder es vielleicht sogar besser wissen? Wenn er/sie aber dennoch darauf besteht, in allem der Boss zu sein, dann sollten Sie sich vielleicht doch nach einem anderen Partner umsehen, der Sie und Ihre Meinung zu schätzen weiß und anerkennt.

13–26 Punkte: Ihr Verhältnis zueinander ist das von gleichwertigen Partnern. Der einzige Nachteil könnte sein, dass Sie langwierig argumentieren oder auch Streit haben, wenn keiner die Entscheidung allein übernimmt. Ideal ist es, wenn derjenige entscheidet, der von der Sache am meisten betroffen ist.

27–39 Punkte: Sie sind ohne Zweifel der Boss. Vielleicht sind Sie beide glücklich mit dieser Lösung, aber vielleicht wäre Ihre Beziehung zueinander viel ausgewogener, wenn Sie Ihren Partner auch mehr als solchen behandelten. Sie verlieren nicht an Ansehen, wenn Sie manchmal zugeben, dass er/sie auch mal recht haben könnte, oder ihn/sie gar um Rat fragen. Wenn es sich sogar um eine Entscheidung handelt, die Sie beide betrifft, haben Sie nicht das Recht, sie allein zu treffen.

Nehmen Sie sich einmal einen kurzen Moment Zeit und überlegen Sie, wie Sie in letzter Zeit mit Ihrem Partner gesprochen haben. Erinnern Sie sich an die Einzelheiten ? Wie hoch war der Anteil an positiven Dingen, die sie ihm/ihr gesagt haben, und wie hoch der Anteil an negativen Äußerungen wie Kritik, Tadel, Ärger? Unzufriedene Beziehungen kennzeichnen sich durch einen stärkeren Austausch von negativen Kommunikationsinhalten (Abwertungen, sarkastische, verächtliche Bemerkungen, Nichtübereinstimmungen, Zurückweisungen, defensive Bemerkungen). Zufriedene Paare dagegen zeichnen sich durch mehr positive Kommunikation, mehr soziale Übereinstimmung, versöhnende Kommunikation und ein stärkeres Engagement bei Problemlösungen aus.

- Welche Form der Partnerschaft leben Sie?
- Welche Form der Partnerschaft möchten Sie leben?
- Was ist Ihr Anteil daran?

MEINE FREUNDE

Eine Freundschaft ist wie eine Tasse Tee. Sie muss klar und durchscheinend sein, und man muss auf den Grund schauen können.   **(Sprichwort)**

Im Zeitalter von Internet, Handy und Telefon bekommen Freundschaften eine andere Bedeutung. Sie zu pflegen ist deutlich leichter geworden. Schrieb man vor 20 Jahren noch einen Brief, genügt heute eine SMS, um einen Besuch anzukündigen.

Freundschaft wird als eine Gemeinschaft des Geistes betrachtet oder auch Seelenverwandtschaft. Je nach kultureller Zugehörigkeit bezeichnen wir Menschen als Freunde. Ein Deutscher schließt eher eine Bekanntschaft denn eine Freundschaft. In Amerika dagegen werden von einer Person deutlich mehr Personen als Freunde bezeichnet.

Wie wichtig für Sie Ihre Freundschaften sind, können Sie für sich ausloten. Was bedeutet es Ihnen, was schätzen Sie an Ihren Freunden?

Test: Wie sehen mich die anderen ?

In den verschiedenen Übungen hatten Sie die Gelegenheit, sich aus
der Perspektive der anderen zu betrachten. Hier ein kleiner Test, der
Ihnen die Möglichkeit gibt auszuloten, wie Sie generell von anderen
bewertet werden könnten:
Ein Spiel für Menschen, die mit sich selbst ehrlich sind.
Fragen Sie sich manchmal, wie andere Menschen Sie sehen? Ob sie
Sie wirklich mögen?
Wenn ja, dann versuchen Sie, die folgenden Fragen zu beantworten.
Sie basieren auf gesicherten psychologischen Erkenntnissen und ver-
mitteln Ihnen eine gute Vorstellung von Ihrer persönlichen Beliebtheit.
Antworten Sie einfach auf jede Frage mit einem ehrlichen Ja oder
Nein.

1. Empfangen Sie gern Gäste?
2. Fühlen Sie sich schnell deprimiert, wenn etwas schiefläuft?
3. Hören Sie gern Klatsch?
4. Leihen Sie sich oft etwas aus?
5. Genießen Sie es, allein zu essen?
6. Geben Sie Ihren Ansichten immer offen Ausdruck?
7. Neigen Sie zum Schmollen?
8. Kommt es regelmäßig vor, dass Sie Versprechen nicht halten?
9. Sprechen Sie gern über Ihre Hoffnungen und Probleme?
10. Wenn Sie Dinge und Ereignisse beschreiben, gehen Sie dabei
    sehr ins Detail?
11. Neigen Sie dazu, von Leuten nichts zu halten, die einen anderen
    Geschmack bei Sport, Musik, Büchern und anderem haben?
12. Haben Sie etwas dagegen, dass man Ihnen Streiche spielt?
13. Sind Sie eher unpünktlich?

14. Finden Sie es albern, wenn Leute mittleren Alters sich verlieben?
15. Fühlen Sie sich Ihren zwei besten Freunden (Freundinnen) irgendwie überlegen?
16. Sind Sie stolz darauf, dass Sie im Umgang mit Menschen absolut ehrlich sind?
17. Haben Sie Kinder wirklich gern – die anderer Leute, nicht Ihre eigenen?
18. Kommt es vor, dass Sie anderen Leuten Kritisches ins Gesicht sagen?
19. Gibt es mehr als fünf Leute, die Sie überhaupt nicht ausstehen können?
20. Wenn Sie eine Pechsträhne haben, sind Sie dann über das Glück Ihrer Freunde hundertprozentig froh?

Das sind die richtigen Antworten, was Beliebtheit angeht. Prüfen Sie, wie viele Sie richtig haben:

1. ja	11. nein
2. nein	12. nein
3. ja	13. nein
4. nein	14. nein
5. nein	15. nein
6. nein	16. nein
7. nein	17. ja
8. nein	18. nein
9. ja	19. nein
10. nein	20. ja

Je mehr Antworten Sie »richtig« haben, umso mehr Leute werden Sie sympathisch finden. Aber glauben Sie nicht, dass Sie »unbeliebt« sind, außer Sie haben neun oder weniger »richtige« Antworten.

Jedes Ergebnis über 15 ist sehr erfreulich, und ein Ergebnis zwischen 10 und 15 zeigt, dass Sie viele liebenswerte Eigenschaften haben, die Sie ausbauen sollten.

Test: Leide ICH unter »Berührungsängsten«?

Haben Sie wirklich »Berührung« mit anderen Menschen? Sind Sie mit ihnen durch das einzigartige, herzliche Medium der Berührung verbunden? Denn die Berührung – liebevoll, freundlich, bedeutungsvoll warmherzig, menschlich – ist wirklich eine ganz besondere Möglichkeit, Zuneigung oder Freundlichkeit, Verständnis oder Sympathie auszudrücken. Sie kann viel mehr bewirken als bloße Worte.

Oder halten Sie, wie so viele von uns, Schüchternheit, Hemmungen oder sogar Furcht zurück? Oder gibt es bei Ihnen im Unterbewusstsein das Empfinden, dass das Zeigen von Gefühlen, ausgedrückt in der einfachsten der körperlichen Ausdrucksmöglichkeiten, der Berührung, ein fragwürdiges Zeichen von Schwäche ist?

Im Prinzip wissen wir, dass wir außerordentlich töricht sind, wenn wir davor zurückschrecken, mit denen, die uns nahestehen, »in Berührung« zu kommen. Aber wir fürchten uns oft davor, unsere wirklichen Gefühle offen zu zeigen. Wir müssen das allgegenwärtige Problem unseres grundsätzlichen Versagens, uns anderen mitzuteilen, neu sehen. Wir müssen Wege finden, wie wir mit denen, die unsere sichtbaren Gesten ebenso brauchen wie unsere inneren Gefühle, besser »in Berührung« kommen können.

Hier sind einige bohrende Fragen nach diesen Grundsätzen. Ihre Antworten bewerten Sie folgendermaßen:

Jedes Mal, wenn Sie ehrlich mit »oft« antworten können, geben Sie sich 10 Punkte.

Jedes Mal, wenn Sie ehrlich mit »manchmal« antworten können, geben Sie sich 5 Punkte.

Und jedes Mal, wenn Sie mit »nie« antworten müssen, geben Sie sich 1 Punkt.

1. Gehen oder sitzen Sie im täglichen Leben mit einem erwachsenen Menschen Hand in Hand?
2. Schütteln Sie meistens älteren Verwandten oder Freunden die Hand?

3. Tollen Sie mit Ihren (oder anderen) Kleinkindern auf dem Fußboden herum?

4. Wenn Sie jemandem in den Mantel helfen, berühren Sie ihn oder sie dann auch freundschaftlich an Arm oder Schultern?

5. Gehören Sie zu den Menschen, die einem Kind als Geste der Zuneigung, des Stolzes oder der Freude leicht durch die Haare fahren?

6. Empfangen Sie selbst eine einzelne, aber besonders bedeutungsvolle Berührung, die sofort eine Atmosphäre der Liebe oder Verehrung herstellt?

7. Sind Sie vermutlich beleidigt, wenn jemand zu Ihnen sagt: »Rühr mich nicht an«?

8. Wenn Sie sich einem kranken Menschen nähern, möchten Sie dann ganz instinktiv seine Hand oder seine Hände in Ihre Hände nehmen, gleichgültig, ob Sie es nun tun oder nicht?

9. Reagieren Sie selbst freundlich, wenn man Ihren Arm drückt?

10. Gehören Sie zu den Menschen, um die ein anderer Mensch ohne Weiteres seinen Arm legen kann?

11. Machen Ihnen Partyspiele Freude, bei denen erwartet wird, Hände oder Arme der Mitspieler anzufassen?

12. Klettern Kinder (oder Tiere) ohne Weiteres auf Ihren Schoß?

13. Haben Sie einen warmen, festen, freundlichen, aber nicht gewaltsamen Händedruck?

14. Berühren Sie bei einer Unterhaltung leicht das Handgelenk oder den Arm Ihres Zuhörers, um einen wichtigen oder amüsanten Punkt zu unterstreichen?

15. Wenn Ihnen bei einer bestimmten Gelegenheit danach zumute ist, legen Sie dann wirklich schützend den Arm um ein Kind oder einen Erwachsenen, statt dieses instinktive Gefühl zu unterdrücken?

16. Beneiden Sie manchmal die südeuropäischen Völker um die Freiheit und Selbstverständlichkeit, mit der sich diese Menschen umarmen?

17. Wie jedermann weiß, gibt es Küsse und Küsse. Aber wenn Sie jemanden – gleich welchen Alters – küssen, meinen Sie es wirklich so?

18. Halten Sie es für etwas Wohltuendes, wenn Sie jemandem einen Klaps auf den Rücken geben?

19. Sind Ihre eigenen Hände ausdrucksvoll, wenn Sie andere Menschen berühren?

20. Glauben Sie ganz allgemein, dass die Menschen es meist bedauern, wenn sie Gelegenheiten versäumen, auf diese Art mit anderen Menschen »in Berührung« zu kommen, wo es ihnen doch so leicht möglich gewesen wäre?

Testauswertung:

Wer **150 oder mehr Punkte** erreicht hat, kennt genau die magische Sprache der Berührung und braucht keine zusätzlichen Anweisungen.

Wenn Sie **über 100, aber unter 150 Punkte** erreicht haben, so zögern Sie oft an der Grenze zwischen einer ehrlichen »Berührung« Ihrer Mitmenschen und hochmütiger oder unkluger Zurückhaltung. Warum lassen Sie nicht einmal abwechslungshalber Ihre Handlungen von den instinktiven Gefühlen bestimmen? Die Chancen einer Abfuhr sind bedeutend geringer, als Sie sich vorstellen. Und der Gewinn, den Sie haben und spenden, ist enorm. Versuchen Sie es, und erleben Sie es!

Wenn Sie **weniger als 100 Punkte** erreicht haben, kann man bei Ihnen wirklich nicht von »Berührung« sprechen. Liebe, Freundlichkeit, Freundschaft, Sympathie, Verständnis – alles ist nichts wert, wenn man es nicht zeigt. Vermutlich spüren Sie das auch – mehr oder weniger. Und doch scheuen Sie die einfachsten körperlichen Signale. Damit ist die Welt bedeutend ärmer. – Denken Sie über die Worte nach, die kürzlich ein Arzt zu diesem Thema sagte: »Berührung hat ihren eigenen Zauber. Sie kann Liebe ausdrücken und Schmerzen lindern und der Menschheit mehr Menschlichkeit geben.«

Positiv Denken

Wie oft hören Sie da Sätze wie: »Tut mir leid, da kann ich auch nichts daran ändern!«, oder: »Mein Gott, da kann man halt nichts machen!« Wenn Sie diese Art von Sprache hören, wissen Sie sofort, dass da ein Mensch vor Ihnen sitzt, der nicht bereit ist, Verantwortung zu übernehmen, nicht für sich und schon gar nicht für andere. Sollten Sie selbst solche Sätze an sich erkennen, streichen Sie bitte derartiges Vokabular für immer aus Ihrem eigenen Leben!

Überlegen Sie sich, was sie stattdessen sagen könnten. Drehen Sie die Sätze doch einfach mal um: »Gott sei Dank, daran kann ich etwas ändern. Da kann man doch was machen!«

Versuchen Sie immer wieder einmal, wenn Sie von anderen so einen Satz hören, ihn insgeheim positiv zu formulieren. Das können Sie bei jeder Gelegenheit üben. Beim Arztbesuch, beim Behördengang, beim Bäcker.

Lassen Sie sich überraschen, wie viel Spaß Sie dabei haben werden. Die innere Freude, die Welt positiv zu betrachten, wird auch Sie beflügeln, positive Aussagen zu formulieren.

Test: *Welche Einstellung zur Freundschaft habe ICH?*

Werden Sie oft von einem hübschen Gesicht, einem liebenswürdigen Lächeln eingenommen, nur um es dann später zu bereuen? Sind Sie in der Lage, einen »Schön-Wetter-Freund« zu erkennen? Die Antwort auf diese Fragen ist häufig in Ihrer eigenen Einstellung zur Freundschaft zu finden. Dieser Test wird Ihnen helfen, sich selbst zu erkennen, andere zu verstehen und einen falschen Freund zu durchschauen.

1. Glauben Sie, was die Leute Ihnen erzählen?

a) meistens

b) manchmal

c) selten

2. Sind Sie überrascht über Dinge, die Ihre Freunde tun?

a) nie

b) manchmal

c) dauernd

3. Erwarten Sie von guten Freunden unbedingte Loyalität?

a) ja

b) nein

4. Sind Sie Ihren guten Freunden gegenüber völlig loyal?

a) ja

b) nicht immer

5. Haben Sie wissentlich jemanden im Stich gelassen?

a) ja

b) nein

6. Können Sie leicht von anderen beeinflusst werden?

a) gelegentlich

b) meistens

7. Halten Sie es für wichtig, mit abwesenden Freunden in Verbindung zu bleiben?

a) ja

b) nein

8. Sind Sie verletzt, wenn man Ihren Geburtstag vergisst?

a) ja

b) nein

9. Erinnern Sie sich an die Geburtstage Ihrer guten Freunde?

a) meistens

b) gelegentlich

10. Wenn Sie glauben, dass Ihr bester Freund Sie im Stich gelassen hat, würden Sie die Freundschaft beenden?

a) ja

b) nein

11. Wenn Sie einem Freund eine Gefälligkeit geleistet haben, erwarten Sie dann eine Gegenleistung?

a) ja

b) nein

12. Wenn Sie glauben, hereingelegt worden zu sein, möchten Sie es dann zurückzahlen?

a) ja

b) nein

13. Würden Sie einem Freund Geld leihen?

a) vielleicht

b) selbstverständlich

c) nein

14. Würden Sie von einem Freund Geld borgen?

a) vielleicht

b) bestimmt

c) nein

15. Würden Sie Ihre/n Partner/in von einem Freund zum Tanz ausführen lassen, wenn Sie selbst verhindert sind?

a) ja

b) nein

c) vielleicht

16. Meinen Sie, dass Sie einen Charakter gut beurteilen können?

a) ja

b) nein

17. Wenn Sie sich eine Meinung über einen Menschen bilden, ist dessen Aussehen für Sie wichtig?

a) ja

b) nein

18. Glauben Sie an das Wort von »leben und leben lassen«?

a) ja

b) nein

19. Haben Sie jemals einem Freund etwas erzählt, von dem Sie wünschten, dass es nicht weitergesagt würde?

a) ja

b) nein

20. Haben Sie jemals eine vertrauliche Mitteilung weitergegeben?

a) ja

b) nein

Bewertung:

1. a) 1, b) 4, c) 1	**2.** a) 3, b) 2, c) 1	**3.** a) 2, b) 4
4. a) 2, b) 4	**5.** a) 1, b) 5	**6.** a) 4, b) 2
7. a) 2, b) 4	**8.** a) 2, b) 4	**9.** a) 4, b) 2
10. a) 1, b) 5	**11.** a) 0, b) 6	**12.** a) 0, b) 6
13. a) 4, b) 2, c) 0	**14.** a) 1, b) 4, c) 1	**15.** a) 1, b) 1, c) 4
16. a) 2, b) 4	**17.** a) 1, b) 5	**18.** a) 4, b) 2
19. a) 4, b) 2	**20.** a) 1, b) 5	

Testauswertung:

60–87 Punkte: Sie brauchen sich kaum Sorgen zu machen. Ihre Einstellung zur Freundschaft ist ausgewogen, realistisch und gesund. Vermutlich haben Sie viele erfreuliche Kontakte. Sie erwarten nicht zu viel von den Menschen und regen sich daher nur selten über etwas auf, was sie tun und sagen. Sie wissen, dass jeder Mensch eine Einzelpersönlichkeit ist. Sie mögen die Menschen und freuen sich in ihrer Gesellschaft ebenso an ihren Schwächen wie an ihren Stärken. Ihre einzige Schwierigkeit kann aus der Tatsache herrühren, dass Sie vielleicht ein bisschen zu tolerant sind, was manche Menschen möglicherweise zu der Auffassung bringt, dass Sie nur ungern aus sich herausgehen.

35–59 Punkte: Nur wenige Menschen werden Sie hereinlegen, aber wenn es doch einmal passiert, sind Sie darüber bekümmerter, als Sie es eigentlich sein sollten. Denn Ihre Einstellung zur Freundschaft ist überwiegend vernünftig. Sie haben einige Schwachstellen. So werden Sie zum Beispiel umso vertrauensseliger, je mehr Sie sich innerlich engagiert haben. Denken Sie daran: Weil sich Ihre Haltung den Menschen gegenüber im Lauf der Zeit ändern kann, muss das nicht unbedingt bedeuten, dass sich deren Charakter geändert hat. Wenn Sie Fehlschläge zur Kenntnis nehmen müssen, könnten Sie sich bei Enttäuschungen verwundet fühlen.

26–34 Punkten: Ihre freundliche Veranlagung kann dazu führen, dass Sie einfach ein bisschen zu oft hereingelegt werden. Dagegen lässt sich nicht viel tun. Aber Sie sind vermutlich auch ganz zufrieden mit den Dingen, wie sie eben sind. Sie sind herzlich und vertrauensvoll, und die meisten Menschen, die Sie kennen, wissen das. Wahrscheinlich tun Ihre Freunde alles, was in ihrer Macht steht, um Sie vor ernsteren Schwierigkeiten abzuschirmen.

Betrachte Konflikte immer als ein Aufeinanderprallen von Ideen,
nicht von Menschen.

Test: Hält man mich für langweilig?

Hier können Sie ausloten, wie Sie von anderen wahrgenommen werden. Beantworten Sie die Testfragen und Sie werden einiges darüber erfahren. Für jedes Ja notieren Sie sich drei Punkte, für jedes Nein zwei Punkte.

- Haben Sie sich schon öfter dabei ertappt, dass Sie in einer langweiligen Gesellschaft herzhaft gähnen mussten?
- Kennen Sie mehr als drei Menschen, in deren Gesellschaft man kein Gespräch in Gang halten kann?

- Wenn Sie in Begleitung (Ehepartner, Freund, Freundin) ausgehen, sind Sie dann meistens derjenige, der zum Nachhausegehen mahnen muss?
- Wenn Sie zu einer Party eingeladen werden, erkundigen Sie sich nach den anderen Gästen und können Sie daraufhin auf die Unterhaltsamkeit des Abends schließen?
- Sie schlagen in einer lustigen Gesellschaft sicher auch einmal über die Stränge, genieren Sie sich nachher dafür?
- Finden Sie es langweilig, wenn andere immer wieder von ihren Erfolgen beim anderen Geschlecht erzählen?
- Glauben Sie, dass man bei einer Silvesterfeier auch sogenannte ernsthafte Gespräche führen kann?
- Waren Sie während Ihrer Schulzeit einmal mit einem »Außenseiter« gut befreundet?

Testergebnis:

16 Punkte: Sie sind eine sogenannte Stimmungskanone. In Ihrer Gesellschaft kommt keinem das Gähnen. Meisterhaft verstehen Sie es, sich Ihrer Umgebung anzupassen, und bringen selbst einen alten Griesgram zum Lachen. Wenn es nicht anders gelingt, sogar auf Ihre eigenen Kosten. Das macht Sie selbst Leuten sympathisch, die Ihre Aufgedrehtheit manchmal übertrieben finden.

17–19 Punkte: Über Ihre Person gab es in Ihrem Bekanntenkreis schon manche lebhafte Diskussion. Die eine Partei hält Sie für langweilig, die andere behauptet genau das Gegenteil. Es kommt also ganz darauf an, in welcher Gesellschaft Sie sich befinden. Bei der Größe Ihrer Anhängerschar wird Ihnen selbst also niemals langweilig werden, und das dürfte ja die Hauptsache sein.

20–23 Punkte: Es gibt Leute, die halten Sie für langweilig. Aber das braucht Ihnen keine Minderwertigkeitskomplexe anzuzüchten. Dass Sie es nicht fertigbringen, immer und überall in die Fröhlichkeit mit einzustimmen, beweist nur, dass Sie eine ausgewählte Umgebung brauchen, um sich gut zu unterhalten.

24 Punkte: Ja, andere halten Sie für langweilig, und wenn Sie das nicht schon wissen, so haben Sie es doch manchmal sicherlich gefühlt. Sie sollten es nicht darauf anlegen, Ihren Ruf ändern zu wollen, sondern sich einfach vor Augen führen, dass es auch stille Teilhaber der allgemeinen Fröhlichkeit geben muss, die von manchen mehr geschätzt werden als die lauten.

Test: *Wie wirke ICH auf das andere Geschlecht?*

Hier ein einfacher Test, um Ihre Wirkung zu erforschen. Dabei spielt es keine Rolle, ob Sie auf Partnersuche sind oder nur ihren Stand ausloten.

1. Welche Freizeitvergnügungen liegen Ihnen nicht?

X a) Tanzen

   b) Sport

   c) Spiele

   d) Handwerken

2. Was würde Ihnen ein Einsiedlerdasein am meisten verleiden?

   a) mit niemandem reden zu können

X b) alles selber machen zu müssen

   c) kein Computer, kein Fernsehgerät zu haben

   d) das ewige Einerlei

3. Welche hervorstehendste Eigenschaft hatte Ihr Lieblingslehrer?

X a) Er war immer gut aufgelegt.

   b) Er war gerecht.

   c) Er sah gut aus.

   d) Man konnte Vertrauen zu ihm haben.

4. Was bringen einem Tagebuchaufzeichnungen?

X a) Man kann in der Vergangenheit schmökern.

   b) Sie sind ein netter Zeitvertreib.

   c) Auf jeden Fall bergen sie Romantisches.

   d) Man kann bestimmte Ereignisse korrekt feststellen.

5. Welche Art von Romanen bevorzugen Sie?

   a) mit historischem Hintergrund

   b) auf jeden Fall unterhaltsame

   c) spannende

X d) Liebesgeschichten

6. Was halten Sie von Schönheitswettbewerben?

a) ein Geschäft für die Veranstalter

b) gar nichts

✓ c) eine Zeiterscheinung

d) sind unterhaltsam

7. Was würden Sie mit einem unerwarteten Gewinn am ehesten anfangen?

a) reisen

b) etwas kaufen, das ich mir schon lange wünsche

✗ c) das könnte ich erst sagen, wenn ich ihn hätte

d) ich weiß nicht recht

8. In einem Wartezimmer oder Zugabteil will jemand mit Ihnen ins Gespräch kommen. Aber Sie haben keine Lust. Wie verhalten Sie sich?

a) Ich bleibe einsilbig.

✗ b) Ich wende mich etwas anderem zu und lese beispielsweise.

c) Ganz einfach: Ich gebe keine Antwort.

d) Eine einzige ablehnende Antwort genügt da wohl.

9. Sie haben eine Verabredung und der andere verspätet sich. Welche Ausrede fänden Sie am amüsantesten?

a) Ich habe den Autoschlüssel suchen müssen.

b) Ich habe am helllichten Tag verschlafen.

c) Meine Großmutter kam unerwartet zu Besuch.

✗ d) Ein großer Löwe lag vor meiner Tür.

10. Warum soll man kleine persönliche Schwächen seines Partners nicht mit anderen erörtern?

a) weil diese andere nichts angehen

b) weil einem das einmal vorgeworfen werden könnte

✗ c) warum eigentlich nicht?

d) weil man selber auch kleine Schwächen hat

11. Sie wollen mit jemandem Schluss machen. Wie verhalten Sie sich?

a) Ich gehe zur nächsten Verabredung einfach nicht hin.

b) Ich schreibe einen Brief.

✗ c) Ich bin da für eine Aussprache.

d) Ich sage, ich hätte keine Zeit, das ist doch deutlich?

12. Wann würden Sie jemanden, der Ihnen gar nicht sympathisch ist, trotzdem zu sich einladen?

a) Wenn berufliche Vorteile für mich davon abhingen.

b) Wenn diese Person meinem Partner nahestünde.

c) Wenn mich diese Person auch schon öfter eingeladen hätte.

✗ d) Ich würde es auf keinen Fall tun.

13. Warum ist ein getrennter Urlaub mitunter angebracht?

a) Weil man sich nachher umso höher schätzt.

✗ b) Weil man da Muße zum Nachdenken hat.

c) Ich weiß es wirklich nicht.

d) Weil man auch einmal seinen eigenen Interessen nachgehen soll.

14. Eine Ihnen sehr sympathische Person schwärmt von einem Film, den Sie unmöglich fanden. Wie reagieren Sie am ehesten?

a) Ich versuche, die mir besonders missfallenen Szenen zu »zerpflücken«.

b) Ich versuche, den anderen Standpunkt zu verstehen.

✗ c) Ich finde mich damit ab, dass ich einen anderen Geschmack habe.

d) Da lasse ich mich auf gar keine Diskussion ein.

15. Was halten Sie davon, wenn Ihnen jemand schon nach kurzer Bekanntschaft von seinen persönlichen Sorgen berichtet?

a) Der findet mich sicher sehr sympathisch.

b) Damit könnte man mir schon auf die Nerven fallen.

c) Das passierte mir schon öfter.

✗ d) Der hat eben eine seiner schwachen Stunden.

Punkteverteilung:

1. a) 6, b) 4, c) 2, d) 0   **2.** a) 4, b) 2, c) 1, d) 5   **3.** a) 4, b) 5, c) 3, d) 7

4. a) 6, b) 3, c) 4, d) 0   **5.** a) 5, b) 2, c) 3, d) 0   **6.** a) 6, b) 8, c) 4, d) 2

7. a) 1, b) 3, c) 5, d) 6   **8.** a) 6, b) 4, c) 2, d) 0   **9.** a) 5, b) 4, c) 2, d) 1

10. a) 5, b) 3, c) 1, d) 7   **11.** a) 2, b) 7, c) 5, d) 4   **12.** a) 0, b) 5, c) 3, d) 6

13. a) 1, b) 3, c) 2, d) 6   **14.** a) 2, b) 3, c) 0, d) 4   **15.** a) 0, b) 4, c) 2, d) 6

Testergebnis:

12–30 Punkte: Sie sind der viel beneidete Typ, der beim anderen Geschlecht erhöhte Aufmerksamkeit erregt. Mitunter lösen Sie sogar Gefühle aus, die zu empfinden sich jeder ersehnt. Das mag vor allem daran liegen, dass Sie sich sehr gut in andere Menschen hineindenken können und dann genau so handeln, wie diese es von Ihnen erwarten. Dass Sie andere unter Umständen manchmal auch enttäuschen, ist dann der Nebeneffekt: Auf die Dauer können Sie sich eben nicht »verstellen«. Aber Augenblickserfolge scheinen Sie ja in der Regel zufriedenzustellen.

31–52 Punkte: Mit Ihrer offenen und freundlichen Wesensart erwecken Sie überall Sympathien, und Ihre Kommunikationsfreudigkeit verleitet manchmal zu der Schlussfolgerung, dass man es mit Ihnen »leicht« hat. Ein paar geschickt gesetzte Worte oder ein betörender Augenaufschlag, und man hat Sie im Sturm erobert. Zumindest für einen mehr oder weniger langen schönen Augenblick. Tiefere und auf die Dauer beständige Gefühle trauen Ihnen nur jene zu, die Sie besser und länger kennen und sich vom äußeren Anschein auch nicht gleich beeindrucken lassen.

53–72 Punkte: Außenstehenden mag es manchmal scheinen, als ob Sie das andere Geschlecht mehr oder weniger kalt ließe. Auch Sie selbst litten vielleicht schon unter dem Empfinden, dass Sie »gar keinen Eindruck« gemacht haben. Aber das ist ein ganz gewaltiger Irrtum! Sie können Eisberge zum Schmelzen bringen! Nur: Man wird Ihnen das niemals offen zeigen. Weil Sie das Flair ausstrahlen, »uneinnehmbar« zu sein, und sogar eine gewisse Scheu hervorrufen. Oft wurde schon auf ein kleines Zeichen des Entgegenkommens von Ihnen gewartet. Sie müssen es nur geben – wenn Sie wollen.

73–90 Punkte: Wenn sich Angehörige des anderen Geschlechts an Sie manchmal einfach nicht herantrauen, so mag es daran liegen, dass Sie den Eindruck erwecken, für einen kleinen Flirt oder eine vorübergehende Liebelei einfach nicht ansprechbar zu sein. Vor Ihnen muss man schon tiefere Gefühle ausbreiten, um Sie erobern zu können. Liebe ist für Sie eben kein »Gesellschaftsspiel und Sie erwarten absolute Verlässlichkeit. Wenn Sie eine Partnerschaft ins Kalkül ziehen – das glaubt man Ihnen zumindest anzumerken – so muss diese schon auf Dauer angelegt sein.

Jedes Verhalten ist Kommunikation. Signalisieren Sie mit Ihrer Körpersprache etwas anderes, als Ihr Gegenüber hört, nennt man das Inkongruenz. Stellen Sie sich vor, ein netter Mann sitzt Ihnen mit gerunzelter Stirn gegenüber, die Arme über der Brust verschränkt und sagt mit beleidigtem Ton: »Wollen wir uns morgen wiedertreffen?« Was für ein Date wird das? Ein »Na-ja-ich-habe-nichts-Besseres-vor«-Treffen oder ein gemütlicher Abend? Wir sind irritiert, dass Sprache und Haltung nicht übereinstimmen.

Es sähe anders aus, wenn die Person gegenüber mit lockerer Haltung und freundlichem Tonfall den gleichen Satz sprechen würde. Sie können jetzt natürlich einwenden, dass der junge Mann es doch nett gemeint hat, da können Sie recht haben. Nur nehmen wir mehr wahr als die Worte, wir reagieren auf das, *was* gesagt wird, genauso wie auf das *Wie*. Und wie die nächste Übung zeigt, sind das Was und Wie erlernbar.

Übung

Den Draht zum anderen finden

Finden Sie bewusst den Draht zum anderen. Dazu gehört als Erstes, dass Sie Ihrem Gesprächspartner bewusst zuhören und aktiv mit Ihrer Körpersprache signalisieren, dass Sie Interesse an ihm haben. Das bedeutet, dass Sie sich auf den anderen einstellen. Also hören Sie, was er sagt, beobachten Sie, was er oder sie tut, und gehen Sie darauf ein. Bringen Sie sich auf eine Wellenlänge.

Hören Sie aktiv zu, bestätigen Sie mit Mimik und Gestik, dass Sie verstanden haben, was gesagt wurde. Fragen Sie nach, wenn Sie etwas nicht verstanden haben. Wiederholen Sie, was Ihnen gesagt wurde, dann fühlt sich unser Gesprächspartner verstanden. Sprechen Sie über die beobachteten nicht stimmigen Eindrücke.

GELD UND FINANZEN

Monetäre Sicherheit ist für die meisten Menschen eine wichtige Angelegenheit. Versicherungen, Immobilienbesitz oder Rentenfonds sind Diskussionsthema in allen Altersklassen.

Test: Kann ICH mein Geld einteilen?

Es ist keine Kunst, mit seinem Geld auszukommen, wenn man mehr verdient, als man braucht. Aber wer ist schon in dieser glücklichen Lage?

1. Ein Kollege borgt sich ständig Geld aus. Er hat schon überall Schulden. Schließlich kommt er auch zu Ihnen. Wie reagieren Sie?

a) Ich versuche, auf ihn einzuwirken.

b) Eine Kleinigkeit leihe ich ihm auch.

c) Ich sage, ich sei auch in Geldschwierigkeiten.

d) Ich lehne es einfach ab, ihm etwas zu borgen.

2. Können Sie auf den Pfennig genau sagen, wie viel Geld Sie in Ihrem Portemonnaie haben?

a) jederzeit

b) auf den Cent genau nicht

c) kann das überhaupt jemand?

d) genau nicht, nur ungefähr

3. Könnten Sie, wenn es darauf ankäme, alle Ihre finanziellen Verpflichtungen auf einmal begleichen?

a) nein

b) ja

c) Wenn ich das könnte, hätte ich keine Schulden zu machen brauchen.

d) Ja, aber dann wüsste ich nicht, wie ich weitermachen soll.

4. Haben Sie schon auf ein Vergnügen verzichtet, obwohl Sie es sich finanziell ohne Weiteres leisten könnten?

a) des Öfteren

b) Warum sollte ich?

c) nein

d) eher ja

5. Was halten Sie von Ratenkäufen?

a) sind oft nicht zu umgehen

b) größere Anschaffungen wie ein Auto: ja, sonst nicht

c) lehne ich grundsätzlich ab

d) Warum nicht?

6. Glauben Sie, dass man geneigt ist, bei bargeldloser Zahlung mehr auszugeben als bei Barzahlung?

a) natürlich

b) ich glaube, nicht

c) auf keinen Fall

d) wahrscheinlich ja

7. Was halten Sie von dem Slogan »Ratenkauf ist Sparen im Nachhinein«?

a) stimmt doch ganz genau

b) ein Irrtum

c) ich weiß nicht recht

d) schon möglich

8. Ist Ihnen vielleicht schon aufgefallen, dass manche Leute eine Menge Geld einnehmen und trotzdem nie zu etwas kommen?

a) Das gibt es doch gar nicht.

b) Ja, das gibt es tatsächlich.

c) Mir ist das noch nie aufgefallen.

d) schon möglich

9. Glauben Sie, dass in Ihrer Familie in den letzten Jahren etliches Geld ausgegeben wurde, das man leicht hätte einsparen können?

a) eher nicht

b) zweifellos ja

c) keineswegs

d) ja, aber nicht vergeudet

10. Wundern Sie sich manchmal über die großen Ausgaben Ihrer Nachbarn oder Freunde?

a) ja

b) ist mir nicht aufgefallen

c) nein

d) sehr oft sogar

11. Wenn Sie in einem Selbstbedienungsladen einkaufen, wie genau wissen Sie, was Sie an der Kasse werden bezahlen müssen?

a) auf 1 bis 2 Euro genau

b) Das ist sehr unterschiedlich.

c) Ich weiß es nie so genau.

d) Ich irre mich manchmal um 5 bis 10 Euro.

12. Was halten Sie von Leuten, die mit einem Taschenrechner im Selbstbedienungsladen ihre Einkäufe kontrollieren?

a) sind mir noch nie aufgefallen

b) mache ich mitunter auch

c) Ich glaube nicht, dass man da etwas spart.

d) Das ist eine gute Idee!

Punkteverteilung:

	a)	b)	c)	d)
1.	1	2	3	4 Punkte
2.	5	3	0	2 Punkte
3.	1	4	2	3 Punkte
4.	3	1	0	2 Punkte
5.	2	4	3	1 Punkte
6.	2	3	4	1 Punkte
7.	1	5	0	2 Punkte
8.	0	5	1	2 Punkte
9.	0	2	3	1 Punkte
10.	2	0	1	3 Punkte
11.	6	1	3	4 Punkte
12.	0	4	2	3 Punkte

Testauswertung:

5–10 Punkte: Sie meinen, dass man doch immer nur Geld ausgeben kann, das man auch hat. Das ist richtig. Aber es stellt sich natürlich die Frage, wann und wie man es ausgibt und ob man auch ein bisschen vorausplant. Dann freilich darf man keine lockere Hand haben! Bedenken Sie das!

11–18 Punkte: Es scheint, als ob Sie manchmal ein bisschen die Übersicht verlören. Glücklicherweise merken Sie das aber immer rechtzeitig und bringen dann Ihre vielleicht etwas durcheinandergeratenen Finanzen wieder ins Lot.

19–27 Punkte: Sie sind gewiss ein großer Sparmeister. Sie sparen sogar an sich selbst, was bestimmt ein sehr schöner und lobenswerter Zug ist – aber doch nicht immer zum erwünschten Erfolg führt. Es kommt nun einmal allein darauf an, das zur Verfügung Stehende geschickt und umsichtig einzuteilen. Und da hapert es bei Ihnen ein bisschen.

28–37 Punkte: Sie haben eine sehr gute Hand zum Geldeinteilen. Selbst in kritischen Situationen schaffen Sie es immer, noch eine kleine Reserve »für alle Fälle« zurückzulegen. Hauptsache ist ja, dass man die generelle Übersicht nicht verliert. Und das ist bei Ihnen nie der Fall.

38–42 Punkte: Sie haben immer einen sehr guten Überblick über Ihre finanzielle Situation, und das sogar auf längere Sicht. Es gäbe so manchen, der von Ihnen das Geldeinteilen lernen könnte!

43–50 Punkte: Sie können Ihr Geld einteilen! Man müsste vorschlagen, Sie zum Finanzminister zu machen. Das Land, dessen Gelder Sie verwalten, hätte bestimmt nie mehr ein Defizit. Bravo! Von Ihnen kann man lernen!

Dem Sparsamen fällt es leichter, sich ans Verschwenden zu gewöhnen,
als dem Verschwender, sich zum Sparen aufzuraffen.   **Chinesisches Sprichwort**

Test: Könnte ICH eine Million verjubeln?

Stellen Sie sich vor, Sie hätten bei *Wer wird Millionär* gewonnen. Was machen Sie daraus?

1. Was macht Ihnen absolut kein Vergnügen?
a) auswärts essen
b) allein sein
c) Barbesuche
d) Tanzen

2. Woran sollte man sich im Alter am liebsten erinnern wollen?
a) an die Eroberungen beim anderen Geschlecht
b) an die beruflichen Erfolge
c) an die kleinen Dummheiten, die man gemacht hat
d) an das Ansehen, das man verschiedentlich genoss

3. Warum soll man sich (wenn man das Geld hat) wertvollen Schmuck kaufen?
a) weil es Spaß macht
b) weil es eine Kapitalanlage ist
c) damit einen die anderen beneiden
d) weil er die Schönheit unterstreicht

4. Was hat Ihnen in Ihrer Kindheit den meisten Spaß gemacht?

a) Daumenlutschen

b) Indianerspielen

c) Basteln

d) im Freien tollen

5. Welche Art Bücher lesen Sie am liebsten?

a) Liebesgeschichten

b) Fortsetzungsromane

c) Abenteuerberichte

d) ganz andere

6. In welchem Zusammenhang möchten Sie am liebsten von sich in der Zeitung lesen?

a) Kunst, Wissenschaft

b) Gesellschaft

c) Politik

d) ich weiß nicht recht

7. Angenommen, Sie geraten unversehens in eine vollkommene Pleite. Was würden Sie, wenn Sie es noch hätten, am ehesten verkaufen, um zu Geld zu kommen?

a) Schmuck, Pelze

b) Kunstgegenstände

c) Auto

d) Wohnungseinrichtung

8. Ein aufgeregter Anrufer beschuldigt Sie irgendeines Verbrechens, das Sie gar nicht begangen haben. Wie reagieren Sie am ehesten?

a) einfach auflegen

b) ihn ausreden lassen, dann versuchen aufzuklären

c) ihn auf einen Drink einladen

d) ihm gehörig die Meinung sagen

9. Was für Leute stören Sie auf einer Party?

a) die belangloses Zeug quatschen

b) die meisten

c) die Angeber

d) die Unauffälligen

10. Für die Dame – Welche Eigenschaft soll ein Mann nicht haben?

a) Er soll nicht schüchtern sein.

b) Er soll nicht viele Worte machen.

c) Er soll sich nicht als Draufgänger fühlen.

d) Er soll nicht geizig sein.

10. Für den Herrn – Welche Eigenschaft hat eine viel umschwärmte Frau ganz sicher?

a) Sie ist charmant.

b) Sie hat Sexappeal.

c) Sie ist klug.

d) Sie ist leichtsinnig.

Punkteverteilung:

1. a) 5, b) 2, c) 6, d) 3   **2.** a) 2, b) 5, c) 3, d) 1   **3.** a) 2, b) 6, c) 5, d) 4

4. a) 0, b) 2, c) 4, d) 3   **5.** a) 0, b) 1, c) 2, d) 3   **6.** a) 6, b) 1, c) 2, d) 5

7. a) 3, b) 4, c) 5, d) 1   **8.** a) 2, b) 4, c) 1, d) 5   **9.** a) 5, b) 6, c) 3, d) 2

10. für Frauen a) 1, b) 2, c) 4, d) 0   **10. für Männer** a) 0, b) 4, c) 2, d) 1

Testergebnis:

10–22 Punkte: Sie wären ein gutes Beispiel dafür, wie man eine Million verjubeln kann. Vermutlich würden Sie es so toll treiben, dass man über Sie seitenlange Klatschberichte lesen könnte. Wenn die Million futsch ist, würde Ihnen dann allerdings die Fähigkeit fehlen, auch ohne Geld Schlagzeilen zu machen. Was unbedingt positiv zu werten ist. Denn die meisten, die vornehme Popularität genießen, verdanken sie nur ihrem Geld. Seien Sie also froh, dass Sie keine Million haben.

23–31 Punkte: Sie scheinen die große Fähigkeit zu haben, eine Million glatt verjubeln zu können. Das liegt vermutlich daran, dass Sie dazu neigen, sich mit dem Lebensstil angesehener Persönlichkeiten zu beschäftigen. Dabei scheinen Sie allerdings zu vergessen, dass auch diese Menschen von großen Sorgen geplagt werden. So mancher von diesen, da können Sie versichert sein, würde sofort für eine Million mit Ihnen tauschen. Zumindest vorübergehend. Was Ihnen als Warnung dienen sollte, dass Geld nicht glücklich macht.

32–42 Punkte: Sie bilden sich ein, eine Million glatt verjubeln zu können. Das ist ein gewaltiger Irrtum! Sie können es nicht! Bei jedem Tausendeuroschein, für den Sie nur einiges Kleingeld zurückbekämen, würden unterschwellige Gedanken in Ihnen rumoren, was man mit dem Geld doch »Vernünftiges« hätte anfangen können. Warum, zum Kuckuck, wollen Sie dann eine Million? Seien Sie doch froh, dass Sie keine haben, am Ende würde sie nur Ihren Charakter verderben!

43–50 Punkte: Das tägliche Einerlei scheint Sie schon so weit abgestumpft zu haben, dass Sie kaum imstande wären, eine Million zu verjubeln. Sie wären glatt imstande, diese aufs Sparbuch zu legen, und würden die Millionärssorgen anderen überlassen. Aber für ein geruhsames Leben wird man nicht Millionär. Wenn Sie es nicht glauben, dann fragen Sie mal einen!

Ich stehe Statistiken etwas skeptisch gegenüber. Denn laut Statistik haben ein Millionär und ein armer Kerl jeder eine halbe Million.

Franklin D. Roosevelt

Test: Wie gleichgültig ist mir Geld?

1. Ein Freund will sich beruflich verändern. Zu welcher Stellung würden Sie ihm raten?

a) wo ihm genügend Zeit bleibt, seinen Hobbys nachzugehen
b) wo er sich finanziell verbessern kann
c) wo er in eine schöne Landschaft übersiedeln kann
d) wo er häufiger auf Dienstreise gehen kann

2.1 Sie bekommen zu einem Festtag ein Beutelchen recht wertvoller – aber nicht zahlungsgültiger – Silbermünzen. Wie verwenden Sie diese?

a) Ich hebe sie für meine Erben auf.

b) Ich tausche sie ein und lege den Erlös auf mein Konto.

c) Vielleicht fange ich an, Münzen zu sammeln.

d) Ich tausche sie ein und erfülle mir einen Herzenswunsch.

2.2 Warum?

a) weil ich so am meisten davon habe

b) einfach weil es mir Spaß macht

3. Ein nicht sehr begüterter Mann erbt eine wertvolle Skulptur und könnte diese sofort günstig verkaufen. Er tut es aber nicht. Warum?

a) weil er auf den Zeitpunkt wartet, sie noch günstiger zu verkaufen

b) weil es ihm gefällt, endlich auch etwas Wertvolles zu besitzen

c) das kann ich mir nicht recht erklären

d) weil er dann immer noch auf etwas Wertbeständiges zurückgreifen kann

4. Ein kleiner Junge aus Ihrem Bekanntenkreis will Ihnen seine – praktisch wertlose – Briefmarkensammlung für zehn Euro verkaufen, mit der Begründung, seiner Mutter ein Geburtstagsgeschenk kaufen zu wollen. Wie reagieren Sie am ehesten?

a) Ich gebe ihm die 10 Euro und nehme die Marken.

b) Ich gebe ihm 10 Euro, nehme die Marken aber nicht.

c) Ich mache ihm vor allem klar, dass seine Forderung den Wert der Marken übersteigt.

d) Ich mache ihm den Vorschlag, mir die Hälfte der Marken für 6 Euro zu verkaufen.

5. Ein begeisterter Hobbyfischer erzählt bei jeder Gelegenheit von selten großen Fangerfolgen. Durch Zufall erfahren Sie, dass er aber nur ganz selten etwas fängt. Warum redet er dann so?

a) weil er ein Angeber ist

b) vielleicht glaubt er es selber

c) weil er Neid erregen will
d) kann ich mir wirklich nicht erklären

6. Warum möchten Sie mehr Geld verdienen?

a) um mehr ausgeben zu können
b) um mehr Ansehen zu genießen
c) um weniger rechnen zu müssen
d) Warum denn eigentlich nicht?

7. Was würden Sie als einen idealen Ruhestand bezeichnen?

a) vor allem materiell völlig unabhängig zu sein
b) bis zum letzten Atemzug gesund zu bleiben
c) einen treu sorgenden Partner um sich zu haben
d) mir bis zuletzt ein paar kleine Wünsche erfüllen zu können

Punkteverteilung:

1. a) 5, b) 2, c) 3, d) 4   **2.1** a) 1, b) 0, c) 4, d) 2   **2.2** a) 3, b) 2

3. a) 1, b) 4, c) 0, d) 3   **4.** a) 3, b) 2, c) 0, d) 1   **5.** a) 1, b) 5, c) 3, d) 4

6. a) 5, b) 3, c) 4, d) 6   **7.** a) 2, b) 3, c) 5, d) 4

Testergebnis:

10–18 Punkte: Geld kann einem doch nicht gleichgültig sein! – Das ist in Ihren Augen sicher eine Binsenweisheit. Es gibt doch keine Situation im Leben, die man ohne Geld genauso gut meistern kann, als wenn man welches hat! Da haben Sie fraglos recht! Aber es sollte doch nicht zum ausschließlichen Lebenszweck werden. Auch ganz wohlhabende Leute sind bekanntlich schon gestorben, und sie hätten vielleicht besser und schöner gelebt, wenn sie ihre Gedanken an Geld hin und wieder einmal ein bisschen hintenangestellt hätten. Das soll ja nicht heißen, dass Sie in Zukunft Geld verachten sollen, aber nehmen Sie es nicht mehr ganz so wichtig!

19–27 Punkte: Geld ist Ihnen keineswegs gleichgültig, und je mehr Sie davon hätten, desto lieber wäre es Ihnen. Sie nehmen auch so manche Unbill auf sich, um zu welchem zu kommen, und trauern Gelegenheiten nach, bei denen Sie versäumten, Ihr Geldsäckel aufzufüllen. Doch zum ausschließlichen Lebenszweck könnte es bei Ihnen nie werden, ja, es gibt Situationen, in denen es Ihnen ganz gleichgültig wird und Sie vielleicht sogar einen armen Mann beneiden, der etwas hat, das man auch mit allem Geld der Welt nicht kaufen kann. Damit befinden Sie sich auf dem besten Weg des rechten Mittelmaßes, und wenn Sie auch kaum Chancen haben, je steinreich zu werden, so ist Ihnen doch die Garantie für Zufriedenheit gegeben.

28–35 Punkte: Geld ist für Sie ausschließlich Mittel zum Zweck. Es ist etwas Abstraktes, das man wohl bedacht handhaben muss, aber an das man keinerlei Gefühle verschwendet. Wenn manchen Leuten eine Lade voll Geld – oder entsprechende Zahlen auf dem Bankauszug – das Herz freudig höherschlagen lässt, so bedeutet das für Sie lediglich den Beweis, dass Sie sich in Ihrer beruflichen Umwelt richtig verhalten haben, dass Sie Erfolg hatten und die eingeschlagene Richtung beibehalten müssen. Geld als solches ist Ihnen also tatsächlich gleichgültig. Der alleinige Besitz an Geld könnte Sie nicht veranlassen, auch nur einen Finger zu rühren. So manchem wäre zu empfehlen, Ihnen nachzueifern.

MEIN GLÜCK, MEINE ZUFRIEDENHEIT

Das Glück deines Lebens hängt von der Beschaffenheit deiner Gedanken ab.

Marc Aurel

Über Glück sind viele Bücher geschrieben worden und es ist wohl eines der individuellsten Empfindungen, die wir haben können. Deshalb ist es auch nicht wirklich messbar. Und dennoch verwenden wir das Wort »Glück« im täglichen Sprachgebrauch wie eine feste Größe. Dabei fällt auf, dass die Verantwortung für Glück immer wieder äußeren Bedingungen zugeschrieben wird. »Da habe ich Glück gehabt«, oder im Umkehrschluss: »Das war Pech.« So kann ich mich prima zurücklehnen, die Verantwortung abgeben. Ich kann nichts dafür, dass es bei mir so ist. Glück wird mit Zufall gleichgesetzt. Vertrauen Sie darauf, dass Glück und Zufriedenheit durchaus in Ihrer Hand liegen.

Laut Lexikon ist Glück ein Zustand vollkommener Befriedigung, vollkommener Wunschlosigkeit, ein Ideal. Gegenüber allen philosophischen Deutungen des Glücks beschränken sich die Glückserlebnisse der meisten Menschen heutzutage auf Befriedigung eigener Konsumwünsche und anderer materieller Freuden, meist ohne Rücksicht auf die Lebensverhältnisse anderer.

Test: Wie sehr vertraue ICH meinem Glück?

Auf gut Glück – es darauf ankommen lassen – irgendwie wird es schon klappen – dem Glücksstern vertrauen: Bis zu einem gewissen Grade leben wir alle nach solchen Sprüchen. Und das Leben wäre recht langweilig, täten wir es nicht.

Inwieweit haben Sie eine derartig sorglose Einstellung? Denn zu viel Großzügigkeit könnte durchaus gefährlich sein.

Versuchen Sie, die zehn Fragen ehrlich zu beantworten, damit Sie sich sozusagen von außen sehen und erkennen, wie sehr Sie Ihrem Glück vertrauen. – Die Auswertung wird Sie vermutlich nachdenklich machen.

1. Wann haben Sie sich zuletzt von Ihrem Arzt gründlich untersuchen lassen?

a) innerhalb des letzten Jahres

b) innerhalb der letzten fünf Jahre

c) das ist schon eine Ewigkeit her – wenn überhaupt

2. Haben Sie einen wirklich nützlichen – und wachsenden – Notgroschen beiseitegelegt?

a) ja

b) nun ja – vielleicht

c) nein

3. Wie sehr wird – auf lange Sicht gesehen – Ihr Leben beherrscht von dem Gedanken: Irgendwie wird es sich schließlich zum Guten wenden?

a) zu einem Viertel oder weniger

b) vielleicht zur Hälfte

c) weit mehr als die Hälfte

4. Wenn Sie morgen durch einen Schicksalsschlag Ihre Arbeit verlieren, haben Sie dann irgendeine andere Fähigkeit, Kenntnis oder Erfahrung, durch die Sie sofort einen neuen Job bekommen könnten?

a) eigentlich nicht

b) möglicherweise – wenn alle Stricke reißen

c) ja, ganz sicher

5. Ist Ihr Leben wohlüberlegt durch eine ausreichende Lebensversicherung oder ähnliche Versorgung gedeckt?

a) ja, völlig

b) nein

c) ja, aber wahrscheinlich nicht ausreichend

6. Sind Ihre Wohnungseinrichtung und Ihre persönliche Habe (einschließlich Auto, Computer …) durch eine Versicherung (inklusive der gesamten Kosten bei einer Wiederanschaffung wie etwa nach einem Brandschaden) gedeckt?

a) eigentlich nicht

b) das vermute ich

c) da bin ich ganz sicher

7. Wenn Sie morgen einen tödlichen Unfall erleiden sollten, könnten Ihre Verwandten/Familienangehörigen leicht Ihre eventuell ausstehenden Schulden bezahlen?

a) höchstwahrscheinlich

b) die meisten bestimmt, wenn auch nicht alle

c) ich fürchte, nein

8. Machen Sie dauernd und bewusst Anstrengungen, durch Ihre jetzige Lebensführung Ihre Gesundheit möglichst lange zu erhalten?

a) kaum

b) naja, mehr halbherzig

c) das hoffe ich doch

9. Haben Sie jemals Geld verzockt, das zu verlieren Sie sich eigentlich nicht leisten konnten?

a) nur zu oft

b) manchmal

c) vielleicht, aber äußerst selten

10. Nehmen Sie Ihr Horoskop ernst – so ernst, dass Sie danach leben? Glauben Sie, Ihr Leben könnte durch solche Voraussagen beeinflusst werden?

a) nicht wirklich

b) ja, ganz erheblich

c) vielleicht ein bisschen

So bewerten Sie Ihre Antworten:

1. Es ist nicht verantwortungsvoll, wenn Sie sich nicht regelmäßig untersuchen lassen. Durch moderne Behandlungsmethoden gilt heute mehr denn je das Sprichwort: »Vorbeugen ist besser als heilen.«

   a) 2,　b) 4,　c) 10

2. Was auch immer kommen mag, ein Notgroschen ist stets die beste »Glücksgarantie«. Es ist schon ein ziemlicher Leichtsinn, wenn man nichts zurücklegt.

   a) 1,　b) 5,　c) 10

3. Das kann für einen Hans im Glück richtig gewesen sein, aber in unserer modernen Zeit ist ein derart grenzenloser Optimismus nur selten angebracht.

   a) 4,　b) 6,　c) 10

4. Alle Eier in einen einzigen Korb zu legen, ist und bleibt närrisch – in jedem Bereich des Lebens.

   a) 10,　b) 5,　c) 1

5. Sehr töricht, wenn das nicht der Fall ist! Aber Sie sind in guter Gesellschaft: Eine neue Umfrage hat ergeben, dass ein hoher Prozentsatz eine solche Deckung nicht hat.

a) 2, b) 10, c) 6

6. Hier gilt dasselbe, was unter Ziffer 5 gesagt wurde.

a) 10, b) 4, c) 1

7. Wenn nicht, dann bestrafen Sie andere durch Ihre »Irgendwie-wird-es-schon-gehen«-Lebenseinstellung. Denken Sie darüber nach.

a) 2, b) 4, c) 10

8. Vermutlich ist für die meisten von uns eine stabile Gesundheit das beste Kapital, das wir besitzen. Leider wird es nur allzu oft vernachlässigt.

a) 10, b) 5, c) 3

9. Das haben wir natürlich alle manchmal getan, aber wenn man es zu oft tut, erwartet man wirklich zu viel vom Glück.

a) 10, b) 7, c) 4

10. Vielleicht ist etwas Wahres dran, aber die Sterne sind kein Ersatz für eigene Anstrengung und Vorsorge.

a) 2, b) 10, c) 6

Jetzt zählen Sie bitte Ihre Punkte zusammen und schauen Sie dann der »Wahrheit« ins Auge

Über 80 Punkte bis zu der möglichen Höchstpunktzahl von 100: Kein Zweifel – Sie vertrauen bedingungslos Ihrem Glück – und noch ein bisschen darüber hinaus. Also – viel Glück! Sie brauchen es mehr als die meisten anderen Menschen. Leider kann nicht garantiert werden, dass es Ihnen häufiger über den Weg läuft als allen anderen Leuten. Darüber sollten Sie doch ein wenig nachdenken.

Zwischen 40 und 80 Punkten: Sie gehören zu der überwältigenden Mehrheit der Menschen, die bis zu einem annehmbaren Grad an das Glück glauben, aber niemals völlig darauf vertrauen. Früher oder später jedoch werden Ihre Lebenserfahrungen Sie in die obere oder untere Kategorie bringen. Welche es ist, hängt davon ab, was Sie im Leben gelernt haben – und wie viel Glück Sie gehabt haben!

Unter 40 Punkte bis herab zu der möglichen Mindestpunktzahl von 22: Je geringer Ihre Punktzahl ist, desto weniger vertrauen Sie dem Glück. Jedenfalls handelt es sich um die Gruppe, zu der man gehören sollte. Sie wissen ja: »Glück und Glas, wie leicht bricht das!« Leider läuft es manchen Menschen nie über den Weg; schon aus diesem Grund kann man sich nicht darauf verlassen. Aber Sie dürfen Folgendes nicht vergessen und müssen es zur Kenntnis nehmen: Das Glück existiert im Leben mancher Menschen. Und zu denen könnten auch Sie – vielleicht! – gehören.

Wer ständig glücklich sein möchte, muss sich oft verändern.

Konfuzius

Test: *Wie bewerte ICH die wichtigsten Dinge in meinem Leben?*

Finden Sie in diesem anregenden Fragespiel heraus, was in Ihrem Leben den größten Wert für Sie hat. Sie müssen nur den folgenden Dingen Noten zwischen Eins und Zehn geben, je nachdem, welche Bedeutung Sie ihnen in Ihrem Leben zumessen.

So verteilen Sie die Noten:
1 Punkt: Bedeutet Ihnen überhaupt nichts
2 Punkte: Bedeutet Ihnen fast nichts
3 Punkte: Beschäftigt Sie nur ganz wenig
4 Punkte: Ist für Sie von eher unterdurchschnittlicher Bedeutung
5 Punkte: Ist für Sie etwa durchschnittlich wichtig
6 Punkte: Ist von überdurchschnittlicher Bedeutung für Sie
7 Punkte: Zählt ziemlich viel in Ihrem Leben
8 Punkte: Ist für Sie sehr wichtig
9 Punkte: Daran denken Sie fast ständig
10 Punkte: Bedeutet Ihnen alles

Und hier geben Sie Ihre Noten:
a)   Ihr (Ehe)partner oder Ihr nächster Verwandter (Ihre nächste Verwandte)
b)   Ihre Kinder oder, wenn Sie keine haben, Ihr ältester/bester Freund (Ihre älteste/beste Freundin)

c)   Ihre Freunde im Allgemeinen

d)   Ihr Bekanntenkreis

e)   Ihre Verwandten im Allgemeinen

f)   Ihre Arbeit

g)   Ihre Hobbys

h)   Sport und Wandern

i)   Ihre Religion

j)   Ihr Liebesleben

k)   Ihre Möglichkeit, anderen zu helfen

l)   Ihre Träume, Hoffnungen und Ziele

m)   Ihre Erinnerungen

n)   Ihr Haus/Ihre Wohnung

o)   Ihr Besitz im Allgemeinen

p)   Ihre romantischen oder sentimentalen Andenken

q)   Ihre Haustiere und/oder Ihre Liebe zur Natur und zu Tieren

r)   Ihre Kleidung

s)   Ihre Freude an Musik und Kunst

t)   Ihre Gesundheit

Jetzt zählen Sie die Punkte zusammen, die Sie verteilt haben. Sie können maximal 200 erreichen.

Testauswertung

Zwischen 150 und 200 Punkte: Sie verstehen es, Ihr Leben weise zu leben, und kosten es ganz aus. Wenn Sie mehr als 180 Punkte erreicht haben, dann sollten Sie vielleicht etwas kritischer sein, denn einige der benoteten Dinge sind weniger wichtig, wie etwa d), p) und r). Aber jedes Ergebnis zwischen 150 und etwa 185 ist großartig und zeigt, dass Sie die besten Dinge im Leben erkannt haben und sie genießen.

Zwischen 100 und 150 Punkte: Damit haben Sie einen sehr guten Durchschnittswert erreicht, und Sie haben allen Grund, zufrieden zu sein. Ihr Hauptfehler ist, dass Sie Ihre Begeisterung auf zu viele Dinge verteilen. Sie sollten sich eher auf die Bereiche konzentrieren, von denen Sie aus Erfahrung wissen, dass sie die besten sind.

Unter 100 Punkte: Sie holen nicht das Beste aus dem Leben heraus, einfach deshalb, weil Sie auf die besten Dinge darin nicht so stark reagieren, wie Sie sollten. Sehen Sie sich die Fragen nochmals an und prüfen Sie, welche Sie am höchsten bewerten. Dann untersuchen Sie ihren wahren Wert, und überlegen Sie, ob es wirklich diese Dinge sind, die Sie sich am meisten vom Leben wünschen. Sie könnten eine Überraschung erleben, die Sie weiterbringt!

Jeder ist seines Glückes Schmied. **Sprichwort**

Test: Habe ICH Spaß am Leben?

»Lass es dir gut gehen!«, sagen wir oft zu Freunden. Wie gut geht es uns denn eigentlich? Gesundheitlich, finanziell, familiär – macht das alles noch Spaß? Vielleicht hilft Ihnen dieser Test zu entdecken, woran Sie wirklich Freude haben könnten.

1. Was trägt am ehesten zu Ihrem häuslichen Wohlbefinden bei?
a) Bequemlichkeit
b) Zufriedenheit
c) Ruhe

2. Was tut Ihnen bei einem Spaziergang am meisten gut?
a) die frische Luft
b) Leute und die Umgebung zu sehen
c) die körperliche Bewegung
d) alle 3 Punkte miteinander

3. Hängt Ihre Lebensfreude vom Umgang mit anderen Menschen ab?
a) gänzlich
b) nicht viel
c) im gewissen Maße
d) unterschiedlich

4. Bei einem Theater- oder Zirkusbesuch stellen Sie fest, dass der Saal ziemlich leer ist. Beeinflusst das Ihre Freude an der Vorstellung?

a) erheblich

b) überhaupt nicht

c) etwas

5. Sie gehen eines Abends ins Kino und erkennen nach den ersten Szenen, dass Sie den Film schon einmal gesehen haben. Was für eine Wirkung hat die ungewollte Wiederholung auf Sie?

a) vertieft den Genuss des Films

b) stört Sie nicht weiter

c) ärgert Sie ein bisschen

6. Wie betrachten Sie Ihre Freundschaften?

a) als eine befriedigende Art, das Leben in Gesellschaft zu verbringen

b) als etwas ganz Besonderes und Persönliches

c) als Mit-Sorgenträger, wo man hin und wieder auch seine Aggressionen abladen kann

d) als Zufallserscheinungen, wenn man sich gerade mal trifft

7. Was würden Sie auf eine einsame Insel mitnehmen?

a) 6 Flaschen Alkohol

b) 6 Bücher

c) 6 Fotos Ihrer Familie und Freunde

d) 6 Pfannen und Kochtöpfe

8. Was trägt viel zu Ihrer Lebensfreude bei?

a) ein guter Urlaub

b) die Gelegenheit, etwas von der Welt zu sehen

c) interessante, befriedigende Arbeit

d) häufiger Wohnungswechsel

9. Interessiert es Sie, bei einem Fernsehstück, Buch oder Theaterbesuch über die Schauspieler, Autoren oder Regisseure informiert zu sein?

a) überhaupt nicht

b) gelegentlich, kommt auf den Fall an

c) ja, unbedingt

10. Denken Sie mal über Ihre Hobbys nach! Welche Art sagt Ihnen am meisten zu?

a) solche, die Sie ganz allein beschäftigen

b) bei denen man einen Partner braucht

c) zu denen eine Menge Werkzeug, Ausrüstung, Nachschlagewerke gehören

d) nur solche, die man überall ausüben kann

Punkteverteilung:

1. a) 12, b) 20, c) 8   **2.** a) 5, b) 4, c) 9, d) 18   **3.** a) 3, b) 13, c) 10, d) 16

4. a) 10, b) 17, c) 14   **5.** a) 20, b) 12, c) 7   **6.** a) 16, b) 18, c) 9, d) 5

7. a) 4, b) 17, c) 15, d) 18   **8.** a) 6, b) 8, c) 20, d) 2   **9.** a) 3, b) 10, c) 15

10. a) 17, b) 12, c) 8, d) 16

Testauswertung:

Über 170 Punkte: Zweifellos verstehen Sie, sich Spaß am Leben zu verschaffen. Aber das kann mitunter auf Kosten anderer gehen, weil Sie etwas rücksichtslos sind, wenn es darauf ankommt, Ihre Freude zu haben.

150–170 Punkte: Sie haben hervorragende Fähigkeiten, das Leben zu genießen und sich Freude zu verschaffen, ohne anderen dabei zur Last zu fallen.

120–150 Punkte: Sie könnten mehr Spaß am Leben haben, wenn Sie nicht so ausgeprägt selbstbewusst wären. Aber Sie sind mit sich selbst so recht zufrieden.

80–120 Punkte: Das Leben könnte für Sie lustiger sein, wenn Sie sich nicht ständig Sorgen machten um das, was vielleicht nie passiert. »Genieße den Tag!«, sollten Sie denken und nicht über das Morgen nachgrübeln.

Unter 80 Punkten: Aber, aber! Nehmen Sie das Leben doch nicht so bitter ernst, und seien Sie mal etwas selbstbewusster!

Glück ist das Einzige, was sich verdoppelt, wenn man es teilt.

Sprichwort

Test: Auch ICH suche Glück – habe ICH die Fähigkeit, wirklich glücklich zu sein?

Glück oder Unglück hängen bis zu einem gewissen Grad von einer inneren Kraft und Fähigkeit ab, aber Ihre Fähigkeit zum Glücklichsein ist zum großen Teil ein Produkt Ihrer Persönlichkeit und Ihrer Eigenschaften.

Machen Sie diesen Test mit, Sie könnten Überraschendes über Ihre Fähigkeit zum Glück erfahren.

1. Wie oft lachen Sie am Tag (lächeln reicht zur Not auch)?
a) höchstens einmal
b) fünfmal
c) zehnmal

2. Leute, die Sie zum ersten Mal sehen, denken:
a) dass Sie ein depressiver Typ sind
b) den Menschen würde ich gerne kennenlernen
c) dass irgendetwas hinter dem heiteren Geplauder verborgen ist, es aber schwierig sein wird, es herauszufinden

3. Wie ist Ihre Einstellung Ihrem Beruf gegenüber?
a) ziemlich gleichgültig: Warum viel Energie in eine Sache stecken, die weder Freude noch Reichtum beschert?
b) begeistert: Sie lieben sogar den langweiligen Kleinkram.
c) gespalten: Sie würden gern Energie und Interesse aufbringen, fürchten aber zu versagen, wenn Sie mehr Verantwortung tragen.

4. Ihr dauerhaftester Traum ist:
a) verheiratet zu sein, zwei bis vier Kinder zu haben und in einem Haus auf dem Land zu leben

b) ein Albtraum: Sie verlieren Ihre Arbeit, Ihre Eltern sterben, Ihr(e) Freund(in) verlässt Sie und Ihre Bekannten ziehen sich zurück.

c) unabhängig zu sein, geliebt zu werden, zufrieden und finanziell abgesichert zu sein

5. Wie stark werden Sie vom Wetter beeinflusst?

a) Sehr stark: Wenn die Sonne scheint, strahlen Sie, und wenn es regnet, fühlen Sie sich grau.

b) Nur beiläufig: Ihre jeweilige Stimmung ist ziemlich unabhängig von den Wetterbedingungen.

c) Mittelmäßig: Wenn Sie empfindlich sind, kann das Wetter einen guten oder schlechten Einfluss haben.

6. Es ist Frühling, und Sie sind allein. In einem Bus sehen Sie ein Liebespaar, das sich küsst.

a) Sie sind ein bisschen neidisch, aber dann besinnen Sie sich auf alle guten Seiten Ihres Lebens.

b) Sie denken: Ist das nicht schön? Wenigstens zwei Leute sind glücklich.

c) Sie fühlen sich todunglücklich: Warum die und Sie nicht?

7. Sie haben einen fortschrittlichen Arbeitgeber: Männer und Frauen werden gleich behandelt. Ihr Chef bietet Ihnen ein Fortbildungsprogramm mit der Aussicht auf eine bessere Stellung an.

a) Sie haben zu viel Angst vor seinem Vorschlag.

b) Sie stürzen sich auf diese Gelegenheit.

c) Sie nehmen an, unter der Bedingung, dass Sie, wenn Sie sich überfordert fühlen, wieder aussteigen können.

8. Sie erleben eine Pechsträhne.

a) Sie sind völlig niedergeschlagen, und es wird Wochen und Monate dauern, bis Sie wieder auf den Beinen sind.

b) Sie fühlen sich niedergeschlagen, sind jedoch überzeugt, dass es wieder anders wird, weil es immer wieder besser wird.

c) Sie sind schrecklich deprimiert, suchen aber nach Möglichkeiten, wie es Ihnen wieder besser gehen könnte.

9. In ein paar Wochen ist Ihr Geburtstag, und Sie haben noch nichts geplant.

a) Sie geben für sich selbst eine Party.

b) Sie tun nichts und warten, ob einer Ihrer Freunde oder Verwandten eine glänzende Idee hat.

c) Sie kaufen sich eine Kleinigkeit und vergessen Ihren Geburtstag, bis der Tag gekommen ist.

10. Sie haben Krach mit Ihrem Freund/Ihrer Freundin. Später sagt er/sie Ihnen, dass Sie recht hatten.

a) Sie sind zufrieden, weil er/sie zu Ihnen »gekrochen« kam.

b) Sie lassen es gut sein, so was kommt vor und immerhin hat er/sie seinen/ihren Irrtum eingestanden; eines Tages kann Ihnen dasselbe passieren.

11. Sie sind zum ersten Mal seit Jahren allein zu Hause.

a) Sie rufen sofort eine Freundin/einen Freund an und bitten sie/ihn vorbeizukommen, Sie können es nicht ertragen, allein zu sein.

b) Sie strecken sich vor dem Fernseher aus und gehen früh zu Bett.

c) Sie stoßen einen Seufzer der Erleichterung aus und machen sich einen unheimlich gemütlichen Abend.

12. Wie oft sagen Sie: »Das endet nur mit Tränen?«

a) häufig

b) nur gelegentlich

c) nie

13. Ein Freund/Eine Freundin ruft Sie ganz spontan an, weil er/sie von einer Party für diesen Abend gehört hat: Warum nicht mal hingehen? Sie haben schmutzige Haare und Ihr/e Lieblingskleid/ -hose ist in der Reinigung.

a) Sie sagen:»Ein anderes Mal.«

b) Sie gehen, wie Sie sind, wenigstens werden Sie umsonst essen und trinken.

c) Sie lassen Haare Haare sein und ziehen etwas anderes, sehr Ausgefallenes, an.

14. Wie ist Ihr Verhältnis zum Geld?

a) Sie sind geizig.

b) Locker – Sie sind immer drauf und dran, Schulden zu machen.

c) Sie sind vorsichtig genug, damit immer noch etwas für Ihre Extravaganzen bleibt.

15. Was tun Sie, wenn Ihnen etwas Gutes widerfährt?

a) Sie teilen es mit jemand anderem.

b) Sie denken:»Jetzt muss ja was Schlimmes nachkommen.«

c) Sie freuen sich eine Stunde daran, um dann wieder in Ihre trübe Stimmung zu verfallen.

16. Eine Wahrsagerin sagt Ihnen, dass Sie ein langes und glückliches Leben haben werden.

a) Sie lachen: Sie sind nicht naiv genug, ihr zu glauben, aber die Weissagung richtet Sie ein bisschen auf.

b) Sie glauben ihr blind: Auch wenn Wahrsager nicht die Fähigkeiten haben, die sie vorgeben, werden Sie schon dafür sorgen, dass sich die Vorhersage erfüllt.

c) Sie glauben ihr kein Wort und sagen ihr, sie sei eine Betrügerin.

Punkteverteilung:

1. a) 0, b) 4, c) 6	**2.** a) 0, b) 6, c) 2	**3.** a) 0, b) 6, c) 2
4. a) 2, b) 0, c) 6	**5.** a) 0, b) 6, c) 4	**6.** a) 4, b) 6, c) 0
7. a) 0, b) 6, c) 2	**8.** a) 0, b) 6, c) 4	**9.** a) 6, b) 0, c) 4
10. a) 2, b) 6	**11.** a) 2, b) 0, c) 6	**12.** a) 0, b) 4, c) 6
13. a) 0, b) 4, c) 6	**14.** a) 0, b) 4, c) 6	**15.** a) 6, b) 0, c) 2
16. a) 4, b) 6, c) 0		

Testergebnis:

88–96 Punkte: Ihre Fähigkeit zum Glück ist grenzenlos. Von Natur aus optimistisch und lebensfroh, gehen Sie offen auf die Dinge zu, das Leben interessiert Sie, umso mehr, je glücklicher Sie sind. Wenn Sie auch ungefähre Vorstellungen von dem, was Sie glücklich machen würde, haben, sind Sie im Detail nicht pingelig und rümpfen nicht die Nase, wenn die Dinge mal nicht so perfekt sind. Wenn Sie ein Unglück ereilt, kämpfen Sie in dem Bewusstsein, dass die guten Dinge am Ende die Oberhand behalten, dagegen an.

70–86 Punkte: Ihre Fähigkeit zum Glück ist groß, könnte aber noch größer sein, wenn Sie es zuließen. Was Sie brauchen, ist eine etwas höhere Erwartung und eine lockere Haltung den Dingen gegenüber. Sie wissen, was Sie glücklich machen würde, und suchen es ständig; und vor lauter Suchen übersehen Sie die kleinen Dinge, die Ihnen Freude machen könnten. Entspannen Sie sich, lassen Sie das Glück auf sich zukommen und greifen Sie zu, wenn es da ist.

44–68 Punkte: Sie sind zurzeit halbwegs glücklich, und das ist vielleicht das Äußerste, was Sie erreichen können. Das kommt daher, dass Sie nicht genug vom Leben erwarten: Wenn Sie bekommen, was Sie wollen, ist es gut, und wenn nicht, denken Sie vielleicht, dass Sie es so verdient haben. Diese schicksalsergebene Haltung den Dingen gegenüber führt dazu, dass das Glück Sie meidet. Überlegen Sie mal, ob das, was Sie haben, wirklich alles ist, was Sie wollen.

20–42 Punkte: Sie haben nur wenig Fähigkeit zum Glücklichsein, weil Sie sich zu allem und jedem trübe Gedanken machen. Entweder wollen Sie sich gar nicht erst für eine Sache anstrengen oder Sie reden sich ein, dass alles schlecht ausgeht – und so haben Sie so gut wie keine Motivation, Ihre Lebenssituation zu verbessern. Strengen Sie sich einmal an, sei es im Privatleben oder beruflich, und versuchen Sie, diesen Pessimismus loszuwerden, sonst werden Sie nie im Leben glücklich.

2-20 Punkte: Sie haben so gut wie keine Anlagen zum Glück. Sie sind ziemlich mürrisch, furchtsam und schrecklich pessimistisch. Sie sind in Ihrer geringen Meinung über sich selbst verfangen. Sie glauben, dass Sie nicht das kleinste bisschen Glück verdienen. Jeder kann auf seine Art glücklich sein, wenn er es nur versucht. Seien Sie nicht gleich enttäuscht, wenn das Glück nicht über Nacht kommt, man muss immer ein bisschen Dusel dabei haben. Aber wenn Sie sich einen guten Platz aussuchen, sind Sie bereit, wenn das Glück sich einstellt.

Übung

Positive Gedanken zulassen

Beginnen Sie den Tag mit positiven Gedanken: Planen Sie sie ein, sagen Sie: »Guten Morgen, liebe Gedanken. Ich freue mich, dass ihr da seid!« Sollte es Ihnen schwerfallen, es aus eigener Kraft zu sagen, stellen Sie sich vielleicht einen Radiowecker mit Ihrer »Lieblingsmotivationsmusik« ein. Stellen Sie sich ein Bild von einem positiv besetzten Ort auf den Nachttisch. Verabreden Sie sich zum Sport am Morgen. Planen Sie Ihre Glücksmomente, damit sie bei Ihnen bleiben.

Test: Wenn ICH mein Leben noch mal leben könnte, würde ICH so leben wollen wie jetzt – oder würde ICH vieles anders machen?

»Wenn ich noch einmal von vorne anfangen könnte ...« Wer von uns hat es sich nicht schon mal gewünscht? Aber was würden wir tun, wenn uns dieser Wunsch tatsächlich in Erfüllung ginge? Versuchen Sie, ehrliche Antworten auf folgende Fragen zu geben – und vergleichen Sie, was Sie anders gemacht hätten:

1. Wenn Sie wieder in die Schule gehen könnten, würden Sie
a) alles viel ernster nehmen?
b) versuchen, im Unterricht besser aufzupassen?
c) mehr Spaß haben?

2. Würden Sie sich wieder für Ihren Beruf entscheiden?

a) wahrscheinlich

b) nicht in tausend Jahren

c) bin mir nicht sicher

3. Gibt es irgendwelche Hobbys, Interessengebiete, die Sie nie verfolgten, aber aufnähmen, wenn Sie noch einmal jung wären?

a) eigentlich nicht

b) ja, eine Menge

c) einige

4. Hinsichtlich Ihrer allerersten Freundschaften, die Sie schlossen, wünschen Sie sich,

a) Sie hätten sie bis heute weitergeführt?

b) Sie hätten mehr Freundschaften geschlossen?

c) Keine Änderungen.

5. Hinsichtlich Ihrer ersten Liebeleien, die Sie hatten, wünschten Sie heute,

a) noch mehr gehabt zu haben?

b) sich genauso zu verhalten wie damals?

c) besser auf sie eingegangen zu sein und gegenseitige Interessen geweckt zu haben?

6. Bei einem neuen Anfang – wie würden Sie zu Geld stehen?

a) sich ernster damit befassen, mehr zu verdienen

b) es nur als Mittel zum (Lebens)Zweck sehen

c) versuchen, etwas mehr für Ihren Einsatz zu bekommen

7. Würden Sie

a) Ihren Partner noch mal heiraten?

b) hoffen, jemanden zu finden, der besser zu Ihnen passt?

c) vermutlich unverheiratet bleiben?

8. Würden Sie den Menschen allgemein gegenüber
a) toleranter sein?
b) freundlicher sein?
c) nicht so vertrauensselig sein?

9. Bei den großen Entscheidungen Ihres Lebens würden Sie
a) die Dinge besser bedenken?
b) sich den Umständen besser anpassen?
c) das Leben so nehmen, wie es sich ergibt?

10. Wenn das Leben noch einmal anfinge, würden Sie
a) alles intensiver genießen, was Ihnen das alltägliche Leben bietet?
b) sich viel mehr Freuden verschaffen?
c) wahrscheinlich genauso leben wie gehabt?

Punkteverteilung:

1. a) 7, b) 9, c) 6   **2.** a) 7, b) 9, c) 3   **3.** a) 0, b) 10, c) 8
4. a) 9, b) 7, c) 5   **5.** a) 7, b) 5, c) 8   **6.** a) 6, b) 10, c) 8
7. a) 8, b) 9, c) 2   **8.** a) 8, b) 10, c) 4   **9.** a) 7, b) 9, c) 6
10. a) 10, b) 7, c) 6

Testauswertung:

Über 90 Punkte: Höchstmögliche Punktzahl; geradezu überperfekt. Vielleicht ein bisschen zu gut, um wahr zu sein.

Zwischen 70 und 90 Punkten: Sie stehen im Leben! Sie haben viel daraus gelernt, sind nicht zu zynisch und nicht zu blauäugig, was bedeutet: Sie erhalten das Beste von diesem einzigen Leben, das man nun mal lebt.

Zwischen 45 und 70 Punkten: Glauben Sie wirklich, dass eine zweite Chance Ihr Leben viel verändern würde? Wir machen doch alle unsere Erfahrungen, haben unsere kleinen Triumphe und bedauern unsere großen Fehler. Denken Sie nochmals darüber nach.

Unter 45 Punkte: Lachen Sie mal wieder und beantworten Sie den Test bei besserer Laune!

DER URLAUB, DIE FREIZEIT

Früher sprach man von Erholung, das war die Möglichkeit sich von den Anstrengungen der Arbeitswochen auszuruhen. Im 21. Jahrhundert hat Urlaub und Freizeit mehr mit Reisen und Entdeckung zu tun.

Test: Kann man mit mir den Urlaub genießen?

Die Urlaubszeit rückt näher. Und mit ihr nicht nur Freuden, sondern auch Probleme. Mitunter ist man selber so ein Problem. Für den Partner, für die Familie, mit der man den Urlaub verbringt. Testen Sie sich. Stellen Sie fest, wie es um Ihre Qualitäten als »Urlaubsmensch« bestellt ist.

1. Was ist das Schönste am Urlaub?

a) die Vorfreude
b) das Nichtstun
c) alles im Urlaub ist schön
d) die Ungebundenheit

2. Was vermissen Sie im Urlaub am meisten?

a) mein heimatliches Fernseh- bzw. Radioprogramm
b) die gewohnte Bequemlichkeit meiner Wohnung
c) die gewohnte Ordnung von zu Hause
d) eigentlich gar nichts

3. Was schätzen Sie an einem Urlaubshotel am meisten?

a) ruhige und schöne Lage
b) nette Gäste
c) die gute Küche
d) komfortable Zimmer

4. Wann wird Ihnen ein Urlaubstag langweilig?

a) wenn das Wetter nicht mitspielt

b) wenn ein geplantes Vorhaben nicht zustande kam

c) ein Urlaubstag kann mir nicht langweilig werden

d) wenn irgendeine Besichtigung enttäuschend ist

5. Manche Urlauber lassen sich ihre gewohnte Zeitung nachschicken. Was halten Sie davon?

a) Das mache ich auch.

b) Davon halte ich nichts.

c) Man kann sich ja andere Zeitungen kaufen.

d) Ich bin froh, wenn ich nicht weiß, was zu Hause schon wieder alles passiert.

6. Wen würden Sie am liebsten in Ihrem Urlaubsort zufällig treffen?

a) gute Bekannte

b) einen Freund von früher, von dem ich lange nichts hörte

c) am liebsten niemanden

d) auf alle Fälle jemanden, mit dem ich mich gut unterhalten kann

7. Was könnte Sie am ehesten davon abbringen, ein Buch, das Sie gerade lesen, in den Urlaub mitzunehmen?

a) der unförmige Umfang des Buches

b) gar nichts

c) wenn es sich um eine anstrengende Lektüre handelt

d) wenn es ein alltäglicher Unterhaltungsroman ist

8. Aus welchem Grund würden Sie auf einen schon geplanten Urlaub am ehesten verzichten?

a) wenn mein Partner nicht mitfahren könnte

b) finanzielle Schwierigkeiten

c) Krankheit

d) ich weiß nicht recht

9. In einem Prospekt lasen Sie von einer Sehenswürdigkeit. Ihr Partner war skeptisch. Aber Sie setzten sich durch. Es wurde eine herbe Enttäuschung. Wie reagieren Sie?

a) Ich sage, dass es mir gefallen hat. Ich kann doch nicht zugeben, dass es eine Pleite war!

b) Was soll ich machen? Der Prospekt war eben verlogen!

c) Ich lache einfach über den Reinfall. Soll mein Partner seinen Triumph genießen!

d) Ich räche mich an den Herausgebern des Prospektes und erzähle jedem, was das für ein Schwindel ist!

10. Sie haben sich eine praktische und gefällige Urlaubsgarderobe zurechtgelegt. Den Koffer, in dem alles verstaut ist, haben Sie dann zu Hause vergessen. Was nun?

a) Kein Problem. Ich lasse mir die Sachen nachschicken.

b) Ich kaufe mir einfach auf irgendeinem Markt das Nötigste, die schöne Urlaubsgarderobe werde ich das nächste Mal ausführen!

c) Ich fahre doch nicht wegen der Garderobe auf Urlaub! Irgendwie komme ich sicher zurecht!

d) Die Frage ist aber sehr gewollt! Man vergisst doch nicht einen ganzen Koffer zu Hause!

11. Warum freuen Sie sich auf die Heimkehr aus dem Urlaub?

a) Weil es zu Hause auch sehr schön ist.

b) Weil man doch nicht immer Urlaub machen kann!

c) Ich freue mich ja gar nicht!

d) Weil auch Urlaub recht anstrengend sein kann.

12. Ein Mann fährt mit seiner Familie in Urlaub. Unterwegs gesteht seine Frau, dass sie sämtliche Badekleidung vergessen hat, der Sohn beichtet, dass er die neue Taucherausrüstung irgendwo auf einem Rastplatz liegen ließ, und die Tochter stellt fest, dass Vaters neue Kamera nicht mehr da ist. Was raten Sie dem Mann?

a) Umkehren, vielleicht lässt sich von dem Verlorenen noch etwas wiederfinden.

b) Er soll sich vor allem nicht aufregen, jetzt hilft ja doch nichts mehr.

c) Er soll einmal darüber nachdenken, warum seine Familie gar so zerstreut ist.

d) Diesem armen Kerl kann man bei bestem Willen keinen hilfreichen Rat geben.

Punkteverteilung:

1. a) 1, b) 3, c) 0, d) 4   **2.** a) 5, b) 2, c) 4, d) 0   **3.** a) 0, b) 1, c) 4, d) 2

4. a) 5, b) 3, c) 0, d) 1   **5.** a) 3, b) 1, c) 2, d) 0   **6.** a) 4, b) 2, c) 1, d) 0

7. a) 0, b) 1, c) 3, d) 2   **8.** a) 0, b) 3, c) 1, d) 2   **9.** a) 5, b) 1, c) 0, d) 2

10. a) 4, b) 0, c) 1, d) 5   **11.** a) 0, b) 4, c) 1, d) 5   **12.** a) 4, b) 0, c) 2, d) 1

Testergebnis:

bis 22 Punkte: Mit Ihnen Urlaub zu machen, ist ein ungetrübtes Vergnügen. Selbst wenn einmal alles schiefgehen sollte, Sie verstehen es, allem immer noch eine erfreuliche Seite abzugewinnen. Sie nehmen die Dinge eben, wie sie kommen, und lassen sich durch nichts die gute Urlaubsstimmung verderben. Es gelingt Ihnen auch meistens, Ihren Partner und die ganze Familie mit Ihrer urlaubsfröhlichen Unternehmungslust anzustecken.

23–34 Punkte: Mit Ihnen kann man den Urlaub herrlich genießen, denn Sie lassen die Stimmung nicht so leicht auf den Nullpunkt sinken. Selbst wenn es einmal nicht nach Ihrem Kopf geht – worauf Sie an und für sich meistens bedacht sind. Aber hat einmal der Partner oder die Familie beschlossen, etwa eine Bootsfahrt zu unternehmen – Sie hätten sich aber lieber in den Sand vergraben –, beugen Sie sich ohne nennenswertes Murren und sind dann im Nu der Fröhlichste der Partie. Man weiß das zu schätzen und kommt Ihnen darum umso lieber Ihren eigenen Wünschen weitgehendst entgegen.

35–42 Punkte: Vielleicht sollten Sie sich nicht immer vorher alles so schön und rosarot ausmalen. Da gibt es dann natürlich mitunter Enttäuschungen und die sind ganz dazu angetan, Ihnen trübe Urlaubsstunden zu bescheren. Sie bemühen sich zwar, dem Partner und den Familienmitgliedern gegenüber kein Spaßverderber zu sein, unbewusst stellen Sie sich aber abseits, und das genügt mitunter schon, die allgemeine Fröhlichkeit herabzusetzen. Vielleicht denken Sie darüber einmal nach! Aus Fehlern kann man ja bekanntlich lernen.

43–50 Punkte: Mit Ihnen kann man den Urlaub wunderbar genießen, wenn man als Partner oder eines Ihrer Familienmitglieder immer sorgsam darauf bedacht ist, dass alles so läuft, wie Sie es sich vorstellen und ausgedacht haben. Widerspruch oder »Gegenpläne« verkraften Sie nur sehr ungern, und geben Sie einmal nach, dann sicher nur mit saurer Miene. Üben Sie hin und wieder ein bisschen Unterordnung! Sie werden merken, dass auch dann ein Urlaub wunderbar sein kann.

Test: Was für ein Zeit-Typ bin ICH?

Ein Team von drei Psychologen hat eine Möglichkeit gefunden mit dem wir uns selbst – und einander – besser verstehen können. Ausgehend von einer früheren Entdeckung des großen Schweizer Psychologen C. G. Jung gründet sich ihr Konzept recht einfach auf die unterschiedliche Art und Weise, wie wir die Zeit sehen. Jedem von uns ist es von Kindheit an vorherbestimmt, alle Ereignisse von einem der vier grundsätzlichen Ausgangspunkte zu sehen.

Entweder sehen wir die Zeit von der Vergangenheit her (der Vergangenheitstyp) oder wir passen sie dem Ablauf von heute, gestern und morgen an (der Übereinstimmungstyp). Oder wir sehen sie nur unter ihrem augenblicklichen Wert (der Gegenwartstyp). Und schließlich unter dem Aspekt, wie sie sich später entwickeln wird (der Zukunftstyp). In jedem Fall ist die Zeit – oder besser: unsere Einstellung der Zeit gegenüber – der Prüfstein des Systems.

Also, was für ein »Zeit-Typ« sind Sie?

Typ 1: Der Vergangenheitstyp

Bei Ihnen taucht die Vergangenheit immer wieder in der Gegenwart auf: Dann kehrt alles als eine Erinnerung an Vergangenes wieder. Sie haben hohe moralische Maßstäbe, werden von anderen Menschen meist für das geschätzt, was Sie sind und wofür Sie eintreten, und weniger für das, was Sie tun. Sie haben Freude an Nostalgie, erzählen gern wahre Geschichten aus früheren Zeiten, sammeln mit großem Vergnügen

Erinnerungsstücke und führen oft erfolgreich Tagebuch. Ihnen gefallen feste Grundsätze, und Sie fühlen ein tiefes Bedürfnis nach Recht und Stabilität, dabei sind Sie in Krisenzeiten meist bedeutend ruhiger als andere Leute.

Typ 2: Der Übereinstimmungstyp

Sie sind sich stets der entfliehenden Zeit bewusst, einer Lebenszeit, auf der wir wie auf einem ausgerollten Teppich dahinwandern. Für Sie ist die Vergangenheit vorüber, sie ist Geschichte. Und die gegenwärtigen Ereignisse müssen in ein größeres Bild passen, das das Gestern und Morgen ebenso einschließt wie das Heute. Folglich wirft man Ihnen öfter vor, dass Sie für neue Ideen kein richtiges Engagement aufbringen. Manche halten Sie sogar für kalt und zurückhaltend. Tatsächlich trifft keine dieser Eigenschaften auf Sie zu, aber Sie machen nun einmal diesen Eindruck. Sie wollen gern das Gesamtbild der Dinge sehen. Sie neigen dazu, viele Fragen zu stellen (meist bis zur Erschöpfung der anderen), aber Sie sind gründlich, vorsichtig, tüchtig – und ein Trost für die Menschen Ihrer Umgebung.

Typ 3: Der Gegenwartstyp

Von den vier Typen lassen Sie sich am leichtesten einordnen. Sie verstehen die Gegenwart und sind völlig mit ihr beschäftigt. Für Sie ist das Leben, was jetzt passiert. Sie kümmern sich wenig um die Vergangenheit, Sie interessieren sich auch kaum für die Zukunft, zu der Sie kein Vertrauen haben. An sofortigen Reaktionen haben Sie Freude, Sie treffen schnelle Entscheidungen und antworten auf Stichworte, die sehr oft nur Sie verstehen. Sie hassen Verzögerungen und Wartezeiten. Sie wissen sofort, was in jeder gegebenen Situation zu tun ist, und brauchen sich nie zwischen verschiedenen Handlungsmöglichkeiten zu entscheiden.

Typ 4: Der Zukunftstyp

Ihr Glauben beruht fast völlig auf der Zukunft, Sie vermögen auch zu erkennen, was in den kommenden Wochen und Monaten möglich ist. Sie machen gern Pläne und träumen, doch werden Sie bei Einzelheiten ungeduldig und finden völlige Perfektion ermüdend. Am besten arbeiten Sie nach einem vorher festgelegten Plan: Ohne einen solchen sind Sie meist ein wenig verloren.

So viel zu den vier Typen.

Aber die Theorie der Wissenschaftler Dr. Mann, Dr. Osmond und Dr. Siegler, die diese Kategorien definiert haben, geht über das bloße Sortieren der Menschen in verschiedene Gruppen hinaus. Sie glauben, dass wir nicht nur unser eigenes Gruppenverhalten erkennen und verstehen sollten: Wir müssen auch andere zu verstehen versuchen, damit wir für unsere Mitmenschen mehr Verständnis aufbringen und besser mit ihnen auskommen. Darum haben sie auch die Bedeutung jedes Typs umrissen. Sie sind der Ansicht, dass sich ihre Entdeckungen durch sorgfältiges Studium auszahlen werden. Hier sind ihre Schlussfolgerungen:

Typ 1: Gefühlsbetonte Menschen, die die Welt höchst subjektiv sehen. Gewöhnlich haben sie eine starke autoritäre Kraft, sodass sich andere Menschen ihrer überlegenen Urteilsfähigkeit unterwerfen. Sie sind sehr gewandt, bei jedem Ereignis vom Gefühl her genau das Richtige beizusteuern, und somit in der Lage, die Gefühle anderer zu beeinflussen. »Sie wollen die Dinge so sehen, wie sie in ihrer Jugend populär, modern und richtig waren«, sagt Dr. Mann. Der schlimmste Fehler dieses Typs ist, dass er übertrieben konservativ sein kann. Auch neigt er dazu, unpünktlich zu sein, da seine Gesamtschau Vorrang vor der nächstliegenden Aufgabe hat.

Typ 2: Hier sind die persönlichen Meinungen weniger stark ausgeprägt. Für diese Menschen muss jedes gegebene Ereignis in das größere Bild der augenblicklichen Zeit eingepasst werden, selbst wenn es mit einigem Zwang an die Stelle gerückt und gezerrt werden muss. Manche haben eine ernsthafte wissenschaftliche Denkungsweise oder wenigstens die geistigen Vorstellungen des Wissenschaftlers, indem sie vorher die Gesamtsituation untersuchen. Sie halten es für ideal, alle Seiten einer Situation einzuschätzen, ehe sie handeln; vorher wollen sie auf logischem Wege zu allen notwendigen Schlüssen kommen. Sie sind immer am glücklichsten, wenn sie ihre Sicht von weit zurück und weit voraus in die Jetztzeit übertragen können.

Typ 3: Diese Menschen sind vorzüglich ausgestattet, um mit unvorhergesehenen Ereignissen jeder Art fertigzuwerden. Keine vorgefassten Pläne oder Verpflichtungen dürfen ihnen in die Quere kommen. Sie antworten, ohne zu zögern oder zu zweifeln, womit sie es gerade zu tun haben, ob es sich nun um eine Situation, eine Person oder eine Sache handelt. Diese Menschen sind ideale Führungspersönlichkeiten. Sie neigen dazu, andere dahin zu manövrieren, den vorgeschlagenen Weg zu gehen, besonders dann, wenn sonst Verzögerungen drohen. Eine Handlungsweise, die zu einer beträchtlichen Unpopularität, sogar zum Bruch von Beziehungen führen kann.

Typ 4: »Für Menschen dieses Typs«, erklärt Dr. Mann, »ist die Gegenwart ein bleicher Schatten, die Vergangenheit liegt im Nebel. Wärme und Sonnenschein, helles Licht und Aufregung werden hinter der nächsten Kurve der Straße, auf der anderen Seite des Berges gefunden. Aber wenn man um die Kurve kommt, ist der Weg nur zeitweilig gerade; es gibt immer wieder eine nächste Kurve.« Das Leben für Leute dieses Typs ist eine endlose Kette von Ansturm auf die nächste Kurve. Sie wirken oft sehr anregend auf andere Menschen mit ihrer Planungs- und Sehergabe. Nur die unmittelbaren praktischen Details langweilen sie: Ihre Aktivität muss immer mit einem Weg verknüpft sein, der in weite Fernen führt.

Wenn die Psychologen recht haben, wird uns das Studium dieses Gebiets sehr helfen, mit den Menschen auszukommen, die einem anderen Typ angehören als wir selbst. Wir können zu größerer Einsicht und zu einem reibungsloseren Zusammenleben mit allen Persönlichkeitstypen gelangen.

TIPPS
- Um Zeit optimal zu nutzen, hier einige Tipps zur Einteilung:
- Erstellen Sie eine Liste der Dinge, die Sie erledigen wollen, und eine Liste der Dinge, die erledigt werden müssen. Schauen Sie, dass sich beides die Waage hält, prüfen Sie die Notwendigkeiten, streichen Sie Überflüssiges.
- Durchforsten Sie Zeitfresser. Beantworten Sie E-Mails und Anrufe auf der Mailbox sofort? Versuchen Sie diese Tätigkeit zu bündeln, sich in Medien zu verzetteln geht leicht.
- Planen Sie Ihren Tag: etwa am Abend vorher oder in der Früh. Verabreden Sie ein Meeting mit sich selbst. Strukturieren Sie den Tag und lassen Sie Platz für Unvorhergesehenes.

- Beachten Sie Ihren eigenen Rhythmus. Sie wissen am besten, ob Sie eine Eule oder eine Lerche sind. Nutzen Sie die Kenntnis Ihrer leistungsfähigen Zeit. Erledigen Sie Routinearbeiten wie Ablage, Bügeln oder Ähnliches in weniger leistungsfähigen Zeiten.
- Optimieren Sie ihre Strategie. Erledigen Sie Aufgaben en bloc, ziehen Sie Arbeiten konsequent durch.
- Gönnen Sie sich Ruhe- und Erholungspausen.

GESUNDHEIT

Was bedeutet Gesundheit, was bin ich bereit, dafür zu tun? Ist Gesundheit vielleicht auch nur die Abwesenheit von Krankheit? Wie möchte ich mich in 10 oder 20 Jahren fühlen?

Je nach Alter verzeiht Ihnen der Körper noch die sogenannten Sünden, doch wie sieht es in der Zukunft aus? Es gibt Berechnungen, nach denen der Körper eine bestimmte Anzahl an Zigaretten toleriert, danach fangen die Beschwerden an. Wie viel Alkohol ist erlaubt? Wo ist mein Wohlfühlgewicht?

- Was möchten Sie verändern?
- Was tun Sie für Ihre Gesundheit?
- Was für Erkenntnisse nutzen Sie, um gesund zu bleiben?
- Was bedeutet Ihnen Ihre Gesundheit?
- Wie möchten Sie sich in 10/20/30 Jahren fühlen?
- Was werden Sie dafür tun?

TIPPS
- Setzen Sie ihre Ziele in puncto Gesundheit schnell um. Seien Sie es sich wert.
- Spüren Sie die Bedeutung eines gesunden Körpers.

- Sollten Sie den Eindruck haben, es nicht allein zu schaffen, suchen Sie sich vertrauensvoll einen entsprechenden Arzt, Therapeuten oder Coach.
- Ihr bester Ratgeber sind Sie selbst, nur vom Lesen werden Sie
sich nicht verändern. Planen Sie jetzt, wie Sie was umsetzen.

Test: Esse ICH zu viel?

Gesund oder ungesund, Joghurt oder Bratwurst, Fahrrad oder Auto,
joggen oder Couch, jeder von Ihnen hat sich sicher schon einmal gefragt: Was ist gut für mich? Wo sind meine Grenzen? Was mute ich
wem mit meiner Lebensweise zu?
Essen ist eine der schönsten Nebenbeschäftigungen der Welt, sagt
mancher. Sind Sie auch dieser Ansicht? Lösen Sie diesen Test, vielleicht erkennen Sie Gewohnheiten, auf die Sie schon lange verzichten wollten.

1. Was tun Sie von diesen drei Dingen am liebsten?
a) essen
b) Essen vorbereiten
c) einkaufen

**2. In einem Supermarkt gibt es Sonderangebote von zehn ver-
schiedenen Produkten. Kaufen Sie**
a) etwas von allem, ohne Bedenken, ob Sie es mögen oder nicht?
b) nur das, was sie auch essen werden?
c) gar nichts, weil Sie nichts davon mögen?

**3. Gehen Sie zu solchen Anlässen, wo man ungeniert so viel es-
sen kann, bis einem fast übel wird?**
a) oft
b) manchmal
c) nie

4. Wenn Sie deprimiert sind,

a) essen Sie dann etwas, meistens etwas Süßes?

b) reden Sie sich bei Kaffee und Kuchen im Freundeskreis Ihren Kummer von der Seele?

c) denken Sie darüber nach, warum Sie momentan deprimiert sind, und versuchen Sie, sich abzulenken?

5. Ihr Kühlschrank ist leer:

a) Geraten Sie in Panik und laufen los, um ihn aufzufüllen?

b) Fühlen Sie sich ein bisschen unbehaglich bei dem Gedanken, dass nichts zu essen da ist, falls Sie etwas brauchen?

c) Denken Sie:»Na, morgen muss ich aber einkaufen«?

6. Wie oft wiegen Sie sich?

a) täglich

b) alle paar Tage

c) einmal in der Woche, weniger

7. Wo heben Sie Ihre Nahrungsmittel auf?

a) im Kühlschrank, in der Tiefkühltruhe, in dem Küchenschrank, in Fruchtschalen, Konfektschachteln, Schubläden, in der Handtasche, im (Auto-)Handschuhfach, in Manteltaschen, im Nachtkästchen oder an noch anderen Plätzen

b) im Kühlschrank oder in der Kühltruhe, im Küchenschrank, in Fruchtschalen, in Ihrer Handtasche beziehungsweise Hosentasche

c) im Kühlschrank beziehungsweise in der Kühltruhe, im Küchenschrank, in der Fruchtschale

8. Sie haben 5 Kilo oder mehr Übergewicht und entscheiden sich für eine Diät. Wählen Sie

a) eine Diät, von der Sie glauben, dass sie Ihnen schmecken könnte, kaufen alle Sachen für zwei Wochen ein und brechen die Diät nach zwei Tagen ab?

b) eine Diät, die Ihnen schon einmal geholfen hat, kaufen entsprechende Vorräte für eine Woche und brechen die Kur nach vier Tagen ab?

c) Hungern Sie den ersten Tag, wählen dann eine Diät, die Ihnen zusagt, und halten das Ganze auch eine Woche durch?

9. Sind Sie ein »heimlicher« Esser?

a) ja, leider

b) ja, aber nur manchmal

c) nein, fast nie

10. Sie hatten einen miesen Tag im Büro oder zu Hause und meinen, sich selbst etwas Gutes bieten zu wollen. Beim ersten Bissen denken Sie:

a) Das hab ich heute einfach verdient, nach all dem, was geschehen ist.

b) Ich weiß, ich sollte das nicht essen, ich mach ja schließlich eine Kur, aber …

c) Nur einen Happen! (Und mit großer Selbstdisziplin bleibt es auch bei nur einem Happen.)

11. Eine Bekannte stellt – nicht böswillig – fest, dass Sie in letzter Zeit etwas Speck angesetzt hätten. Sie

a) gehen sofort nach Hause und essen sich rundherum satt. Am nächsten Tag kaufen Sie sich ein neues Kleid/einen neuen Anzug (eine Nummer größer, das soll Sie aber schlanker wirken lassen).

b) fühlen sich verunsichert, essen aber erst mal etwas »gegen den Kummer« und beschließen später, sich auf Diät zu setzen.

c) schauen sich kritisch im Spiegel an, erkennen die »Wahrheit« und entscheiden sich für eine angemessene Diät.

12. Was würde Ihnen jetzt in diesem Moment am besten schmecken?

a) drei Tafeln Schokolade, ein halbes Toastbrot und Marmelade, eine Cremetorte, eine Pizza, eine Portion Eis

b) zwei Tafeln Schokolade mit anschließend einem halben Pfund Käse, ein paar Scheiben trockener Kuchen und ein Paar Wiener Würstchen

c) eine Tafel Schokolade, ein Glas Limonade, ein Eckchen Käse, zwei Tomaten, ein Apfel

13. Wenn Sie mal zu viel gegessen haben, fühlen Sie sich

a) so schuldbewusst, dass Sie zwangsläufig noch mehr essen?

b) leicht schuldig und nehmen sich vor, nicht mehr so viel zu essen (bis zum nächsten Mal)?

c) nur insofern schuldig, als Sie am nächsten Tag weniger essen, um das wieder wettzumachen?

14. Einer der Hauptgründe, mit Freunden im Restaurant zu essen, ist,

a) ein gutes Essen zu genießen, das etwas ungewöhnlicher ist als üblich, wobei Sie gleichzeitig richtig ratschen können, zum Beispiel über Männer, Kinder, Geld und ob dieses Essen so gut ist wie in anderen Restaurants, wo Sie auch schon waren.

b) sich etwas »Besonderes« zu gönnen und nebenbei mit Ihrer Begleitung so richtig ausgiebig mal über alles zu reden.

c) einem kulinarischen Genuss zu frönen, ein Essen einzunehmen, das Ihnen nicht durch Einkaufen und Vorbereitung schon den Appetit daran nimmt. Die Qualität des Essens spielt in Ihrer Unterhaltung kaum eine Rolle.

15. Ihre erste Reaktion, als Sie diesen Test sahen, war,

a) verschiedenes Essbares vor sich auszubreiten, bevor Sie die Fragen beantworten.

b) ein Stück Schokolade vor sich hinzulegen und dann Bleistift und Papier zu holen.

c) spontan diese Fragen zu beantworten.

Punkteverteilung:

Für jedes a) 8 Punkte, jedes b) 4 Punkte, jedes c) 1 Punkt

Testauswertung:

100–120 Punkte: Essen ist Ihr Lebenselixier. Alles, was Sie tun, hängt irgendwie mit Essen zusammen. Wenn Sie unglücklich sind, verängstigt, unsicher, dann essen Sie. Mit anderen Worten: Sie benutzen das Essen als Verteidigung gegen das Leben. Sie müssen versuchen, auch so das Leben zu meistern, ohne sich hinter dem Essen zu verstecken. Sonst werden Sie unglücklich und – zu dick.

80–99 Punkte: Sie halten eine Menge vom Essen und verschwenden viel Geld darauf. Sie essen manches, was Sie gar nicht mögen, und fangen anschließend endlose Diäten an. Gleichzeitig erkennen Sie, warum Sie wann so viel und so oft essen. Diese Erkenntnis ist der erste Schritt dazu, gemäßigte Essgewohnheiten einzuführen: Überdenken Sie Ihre Gewohnheiten. Fangen Sie jetzt damit an – es wird Ihnen nicht leidtun!

30–79 Punkte: Sie sind nicht davon besessen, essen zu müssen, aber in manchen Augenblicken greifen Sie zu dem einen oder anderen Happen, um sich etwas zu gönnen; meistens sind Ärger, Stress oder andere Tatsachen des Alltags der Anlass. Aber gemessen an Ihrer Punktzahl haben Sie ein gutes Gefühl für sich. Behalten Sie es bei!

15–30 Punkte: Essen dominiert Ihr Leben durchaus nicht. Sie haben sich und Ihren Appetit vollkommen in der Gewalt. Machen Sie so weiter, dann brauchen Sie nie eine Diät mitzumachen!

Gewohnheiten ändern

Prüfen Sie Ihre Gewohnheiten und durchbrechen Sie diese bewusst. Haben Sie etwa die Angewohnheit, täglich Gummibärchen zu essen, und möchten es für sich und Ihr Wohlbefinden ändern? Probieren Sie zunächst einmal aus, statt sieben- nur fünfmal pro Woche in die Tüte zu greifen.

Disziplin ist eine schwache Waffe gegen die Macht der Gewohnheiten. Erlauben Sie sich fünfmal hineinzugreifen, nach einiger Zeit viermal und so weiter.

Hier sind Ihre Ziel und die Motivation zum Erreichen des Ziels gefragt. Lohnt es sich, die Gewohnheit zu ändern, wird es Ihnen leichtfallen, Schritt für Schritt neue, leichtere Gewohnheiten einzuüben.

Denken Sie jetzt nicht an einen rosa Elefanten!

Wichtig: auf keinen Fall an den Elefanten denken, sonst funktioniert die Übung nicht.

Und, klappt es? Wahrscheinlich nicht. Wir denken, sobald das Gehirn diesen Auftrag bekommt, an den Elefanten. Denn:

Unser Gehirn kennt kein Nein. Es merkt sich sofort den Elefanten, kann dann aber den Gedanken nicht ausblenden.

Deshalb funktionieren auch die sogenannten Verbote in den Diäten schlecht. Wer sich vornimmt, keine Schokolade oder Gummibärchen zu essen, wird permanent daran erinnert, was er nicht darf, und entwickelt durch die Beschäftigung beispielsweise mit Schokolade erst die Idee, solche essen zu wollen.

Erfolgreich sind alle Ernährungsumstellungen, die mit Listen arbeiten, in denen steht: Das darfst du essen. Aus diesen können Sie Ihre Lieblingsgerichte erstellen und das Gehirn beschäftigt sich mit den »positiven Nahrungsmitteln«.

Test: Neige ICH zu depressiven Verstimmungen?

Dies ist kein Test, der Depressionen aufdeckt. Sollten Sie von sich den Eindruck haben, dass mehr dahintersteckt, scheuen Sie sich nicht, professionelle Hilfe in Anspruch zu nehmen.

Für den ersten Fragenkomplex 1 bis 12 notieren Sie sich für jedes Ja
1 Punkt.

- Glauben Sie, dass Sie jetzt vergesslicher sind als früher?
- Grübeln Sie vor dem Einschlafen nach, auch wenn Sie dies gar
  nicht wollen?
- Glauben Sie manchmal, dass Sie im Leben alles falsch gemacht
  haben?
- Haben Sie manchmal Angst vor Unbestimmbarem?
- Haben Sie manchmal das Bedürfnis, widersprechen zu müssen,
  ohne es dann zu tun?
- Glauben Sie manchmal, dass früher alles besser und schöner war?
- Beneiden Sie Jüngere um deren Spannkraft?
- Glauben Sie, dass Sie nur wenige Ihrer gesteckten Ziele erreicht
  haben?
- Gelingt es Ihnen mitunter nicht, unerfreuliche Gedanken einfach
  zu verbannen?
- Fühlen Sie sich des Öfteren auch nach einem ruhigen Wochen-
  ende müde und abgeschlagen?
- Haben Sie auch ohne ersichtlichen Grund des Öfteren Kopf-
  schmerzen?
- Haben Sie schon manchmal festgestellt, dass Sie grundlos »ex-
  plodiert« sind?

Die Punkte Ihrer nächsten Antworten sind von der Punktesumme
der beiden anderen möglichen Antworten abzuziehen.
(Bsp.: (4 + 2) – 6 = 0, wenn Sie a) ankreuzen.)

1. Jemand drängt sich bei einem Schalter vor:
a) Das stört Sie nicht, auf die wenigen Minuten Zeitverlust
   kommt es Ihnen nicht an. 6 Punkte
b) Sie weisen den Drängenden entschieden,
   aber ruhig zurecht. . . . . 4 Punkte
c) Sie ärgern sich, sagen aber nichts. . . . . 2 Punkte

2. Sie haben nun schon zum dritten Mal eine Mahnung auf eine Rechnung bekommen, die Sie schon längst bezahlt haben. Wie reagieren Sie am ehesten?

a) überhaupt nicht, ich habe ja bezahlt . . . . 5 Punkte

b) Ich lasse ein geharnischtes Schreiben los. . . . . 2 Punkte

c) Ich rufe diese schlampigen Brüder einmal an. . . . . . . 3 Punkte

3. Wovor fürchten Sie sich am meisten?

a) Krankheit, Arbeitsunfähigkeit . . . . 3 Punkte

b) Alleinsein, Einsamkeit . . . . 4 Punkte

c) Auseinandersetzungen, Streit . . . . 1 Punkt

4. Wann fühlen Sie sich besonders müde?

a) morgens nach dem Aufstehen . . . . 3 Punkte

b) nach einem harten Arbeitstag . . . . 4 Punkte

c) merkwürdigerweise, wenn ich nur wenig getan habe . 2 Punkte

5. Was glauben Sie, könnte Sie am ehesten von Ihren Sorgen (irgendwelche haben Sie sicher) befreien?

a) wenn ich es fertigbrächte, sie zu vergessen . . . . 4 Punkte

b) Ich glaube nicht, dass dies möglich wäre . . . . 3 Punkte

c) vermutlich nur ein Wunder . . . . 2 Punkte

6. Welche Geräusche stören Sie am meisten aus der Nachbarwohnung?

a) TV, Radio, CD-Player . . . . 2 Punkte

b) laute Stimmen . . . . 3 Punkte

c) unbestimmbarer Lärm . . . . 4 Punkte

Testergebnis:

3–15 Punkte: Sie scheinen eines jener Fabelwesen zu sein, dem man »eiserne Nerven« nachsagt. Was wollen Sie also mehr? Seien Sie nicht ungeduldig mit anderen, die so viel mehr zum Nervenbündel neigen als Sie und machen Sie sich keinen Spaß daraus, anderen, empfindlicheren Naturen, einen »Nervenzusammenbruch« anzüchten zu wollen. Sie können ja leicht lachen, Sie unschlagbarer Nervenkoloss.

18–28 Punkte: Von der Veranlagung her neigen Sie absolut nicht zum Nervenbündel, aber Umwelteinflüsse könnten Sie doch in diese Richtung hindrängen. Lassen Sie sich also nicht »entnerven«. Auch wenn es einmal so aussieht, als ob man es geradezu darauf abgesehen hätte. Schalten Sie innerlich ab – was Sie ja können –, wenn wieder einmal etwas an Ihren Nerven wie an einer Harfe zu zupfen beginnt. Wenn es aber zu arg wird, dann sollten Sie vielleicht hin und wieder einmal »reinen Tisch« machen, das würde Sie nicht nur als Persönlichkeit aufwerten, sondern Sie auch weiter von der Gefahr, ein Nervenbündel zu werden, abrücken.

29–37 Punkte: Sie haben harte Belastungen über sich ergehen lassen, und es ist daher kein Wunder, dass Sie jetzt zum Nervenbündel neigen. Aber gerade die überstandenen Belastungen sollten Ihnen ein Ansporn sein: Sie haben doch alles gut überstanden, ein klarer Beweis, dass große Kraft bei Ihnen vorhanden ist. Warum denn also jetzt auf einmal sich aufgeben und gehen lassen? Schlimmer, als es war, kann es kaum noch kommen, denn Sie haben ja jetzt schon Erfahrung im harten Nehmen und müssen sich also keineswegs zum Nervenbündel beuteln lassen.

38–47 Punkte: Lassen Sie doch die aufreibenden Dinge des Alltags nicht so an sich herankommen. Sie werden sonst eines Tages wirklich noch als bedauernswertes Nervenbündel enden. Sie tendieren nämlich dazu! Überlegen Sie doch: Es hat keinen Sinn, sich über Dinge zu ärgern, die man doch nicht ändern kann. Und regen Sie sich vor allem nicht darüber auf, wenn irgendwer auf Ihren »Nervenzustand« keine Rücksicht nimmt. Versuchen Sie dann einfach zu lächeln. Das ist nicht leicht, gewiss, aber Sie müssen es versuchen, und Sie werden sehen, dass Sie dann vom Nervenbündel abrücken.

Bei einem Stimmungstief besteht erst mal kein Grund zur Sorge – das kennen die meisten und muss noch lange keine Depression zur Folge haben. Aber es ist präventiv sinnvoll, rechtzeitig zu wissen, ob eventuell eine Neigung zu Depressionen besteht.

Übung

Leben Sie auf der Sonnenseite oder brauchen Sie permanent einen Regenschirm?

Je nach Sichtweise kann man auch diese Frage von mehreren Perspektiven aus betrachten, denn je nach Lebenssituation ist Sonne positiv oder negativ besetzt. Nehmen wir ein einfacheres Beispiel. Ist ihr Glas halb voll oder halb leer? Welche Sichtweise ist die Ihre?

Sehe ich mich: positiv, negativ, zu alt, zu jung, zu dick zu dünn, erfolglos, erfolgreich, schön oder hässlich?

Und was ist daran gut oder schlecht? Empfinde ich mich zum Beispiel als hässlich, ist das vielleicht ganz gut, sonst würde ich vom Fleck weg als Model engagiert, müsste permanent in Fernsehshows auftreten und hätte keine Zeit mehr für meine Familie oder meine Freunde.

Test: *Kann ICH mit Stress umgehen?*

Burnout ist das Damoklesschwert der heutigen Gesellschaft. Sie sind auf einem guten Weg. Sie beschäftigen sich mit sich, den Ursachen Ihrer Probleme und den Lösungen. Sollten Sie den Eindruck haben, dass Ihnen der Stress, dem Sie täglich ausgesetzt sind, gesundheitliche Probleme bereitet, scheuen Sie sich nicht, darüber offen zu sprechen und mit professioneller Hilfe Lösungen zu finden.

Beinahe jeder Zweite ist heute stressgefährdet. Aber manche verstehen es geschickt, dem Stress auszuweichen. Und Sie?

1. In Ihrer Gegenwart geraten zwei Kollegen in Streit.
a) Da versuche ich zu schlichten.
b) Was geht mich das an?
c) Da verlasse ich einfach das Zimmer.
d) Das regt mich sicher auch auf.

2. Sie haben das Gefühl, ein Vorgesetzter ist schlecht aufgelegt. Wie verhalten Sie sich?

a) Ich gehe ihm an diesem Tag am besten aus dem Weg.

b) Da kümmere ich mich doch gar nicht darum!

c) Ich zeige ihm gegenüber besonders gute Laune.

d) Ich nehme seine schlechte Laune einfach hin.

3. Sie sollen eine Arbeit zu einem Termin fertigstellen, der nur sehr schwer einzuhalten ist.

a) Ich versuche es trotzdem.

b) Ich lehne den Termin glattweg ab.

c) Das bin ich gewöhnt!

d) Ich versuche, die Arbeit jemand anderem zuzuschieben.

4. Sie sollen bei einer Quizshow mitmachen. Was würde Ihnen dabei am meisten zu schaffen machen?

a) die Aufregung

b) dass andere dabei zuschauen

c) die Angst, einen Fehler zu machen

d) Sie können es nicht genau sagen.

5. Es gibt Tage, da hat man einfach das Gefühl, alles geht schief. Wie kann man dem am besten begegnen?

a) einfach hinnehmen, morgen ist alles wieder anders

b) durch erhöhte Konzentration

c) eine halbe Stunde an die frische Luft gehen

d) Hauptsache: nicht darüber ärgern!

6. Gibt es Antipathie auf den ersten Blick?

a) ja

b) nein

c) ich weiß nicht

d) vielleicht

7. Was braucht man am meisten, um eine schwierige Prüfung mit sehr gutem Erfolg zu bestehen?

a) vor allem Glück

b) gute Vorbereitung

c) freundliche Prüfer

d) eiserne Nerven

8. Es gibt Leute, die können sich angeblich bei Lärm oder lauter Musik konzentrieren. Was halten Sie davon?

a) glaube ich nicht

b) schon möglich, ich nicht

c) das ist doch verrückt

d) warum nicht?

9. Jemand bezichtigt Sie in einem Schreiben eines Vergehens, das sie gar nicht begangen haben. Wie reagieren Sie?

a) Ich kläre die Sache natürlich sofort auf.

b) Ich schicke den Brief kommentarlos zurück.

c) Ich spreche mit meinem Rechtsanwalt darüber.

d) Dem schicke ich einen geharnischten Brief.

10. Wachen Sie manchmal in der Nacht auf und können dann nicht mehr einschlafen, weil Sie ein bestimmtes Problem zu beschäftigen beginnt?

a) das kommt zuweilen vor

b) leider sehr häufig

c) kaum

d) das kommt auf das Problem an

11. Möchten Sie manchmal alles hinter sich werfen und irgendwohin in eine vergessene Gegend fliehen?

a) ja schon, aber wohin nur?

b) wer möchte das wohl nicht?

c) was würde das in meinem Fall schon nützen?

d) eher nein

12. Sie haben einen wichtigen Termin. Ihr Auto springt aber nicht an, und eine Zugverbindung gibt es auch nicht mehr. Was machen Sie?

a) Mit ein bisschen Glück komme ich ganz bestimmt zurecht.

b) Ich versuche, den Termin telefonisch zu verschieben.

c) Da kann man wohl gar nichts machen, das ist Pech!

d) Ich weiß es nicht, aber vielleicht fällt mir in so einem Ernstfall noch etwas ein.

Punkteverteilung:

zu	a)	b)	c)	d)
1.	3	5	2	1 Punkte
2.	2	5	1	3 Punkte
3.	5	1	5	2 Punkte
4.	0	1	2	5 Punkte
5.	5	1	3	2 Punkte
6.	2	5	3	4 Punkte
7.	5	1	4	3 Punkte
8.	2	4	1	5 Punkte
9.	4	5	3	2 Punkte
10.	2	0	5	4 Punkte
11.	3	5	1	4 Punkte
12.	5	1	4	3 Punkte

Testergebnis:

12–20 Punkte: Wenn Sie wieder einmal nahe daran sind, einen, wie Sie meinen, Nervenzusammenbruch zu erleiden, dann schieben Sie doch alles von sich und überlegen in aller Ruhe: Was wird denn besser, wenn ich mich so schrecklich aufrege? Gar nichts? Da haben Sie es also! Wenn es Ihnen gelingt, Ihre innere Hochspannung zu überwinden, besteht für Sie in Zukunft kaum noch eine Stressgefahr.

21–30 Punkte: Es gibt Tage, da ist Ihr innerer Pegel zu ausgeglichen, dass Sie nichts aus der Ruhe bringen kann. Aber es gibt auch Tage, da liegen Ihre Nervenstränge bloß. Passiert dann etwas Aufregendes, wälzt sich eine Stresssituation auf Sie zu, dass Sie ohne Zweifel in hohem Maße stressgefährdet sind. Da heißt es also: stets gut aufpassen.

31–40 Punkte: Als ausgesprochener Typ des Verstandesmenschen wissen Sie ganz genau, dass allen seelischen Belastungen mit logischen Überlegungen zu begegnen ist. Ändern kann man oft nichts, um eine Stresssituation zu überwinden, aber man kann sich zur inneren Ruhe zwingen, wenn man dazu eben imstande ist. Und das sind Sie!

41–50 Punkte: Im Grunde sind Sie nur in sehr geringem Maße stressgefährdet. Könnten Sie allen stressbildenden Situationen im Alleingang begegnen, würden Sie diese fraglos meistern. Versuchen Sie also, wenn es wieder einmal rundgeht, die Nerven zu bewahren, vielleicht helfen Sie damit nicht nur sich, sondern auch anderen.

51–60 Punkte: Sie haben das Naturell, nichts an sich herankommen zu lassen. Um Sie herum kann es drunter und drüber gehen, Sie kann nichts aus der Ruhe bringen! Wo andere längst vor Aufregung vibrieren, strahlen Sie Gelassenheit aus. Von Stressgefährdung keine Spur!

Test: Bin ICH leicht reizbar?

Vielleicht sind Sie viel empfindsamer, als Sie glauben? Um herauszufinden, wie leicht Sie irritiert werden können, decken Sie die Antworten auf der folgenden Seite zu und kreuzen Sie bitte ehrlich die Antworten a) oder b) an, ehe Sie nachschauen.

1. a) Macht es Ihnen etwas aus, wenn die Leute Ihnen persönliche Fragen stellen?
b) Oder glauben Sie, dass Sie nichts zu verheimlichen haben?

2. a) Nehmen Sie keinen Anstoß daran, wenn Leute an Ihren Worten zweifeln?
b) Oder meinen Sie, dass es ein Zeichen von »Beschränktheit« dieser Leute ist?

3. a) Angenommen, ein Mensch, den Sie kennen, zeigt Ihnen die kalte Schulter – würden Sie das mit einem Achselzucken übergehen?
b) Oder würden Sie sich hoch und heilig geloben, niemals wieder mit der betreffenden Person zu sprechen?

4. a) Können Sie einen Menschen ertragen, der Ihnen immer seine Meinung aufzwingen will?

b) Oder machen Sie solche Menschen wütend?

5. a) Macht es Ihnen viel aus, wenn Menschen Sie manchmal unterbrechen, während Sie reden?

b) Oder machen Sie sich darüber keine Gedanken?

6. a) Können Sie sich über Leute amüsieren, die einfach so »daherschwätzen«?

b) Oder irritieren Sie solche Menschen über alle Maßen?

7. a) Können Sie solche Typen ertragen, die glauben, zu jeder Zeit den Komiker spielen zu müssen?

b) Oder machen Sie kein Geheimnis aus der Tatsache, dass Sie diesen Menschen gar nicht komisch finden?

8. a) Können Sie konstruktive Kritik ertragen?

b) Oder meinen Sie, die Leute sollten sich um ihre eigenen Angelegenheiten kümmern?

9. a) Wenn Sie jemand in einer »Schlange« vorwärtsstößt, machen Sie sich dann in unmissverständlicher Weise bemerkbar?

b) Oder ertragen Sie es lächelnd?

10. a) Hassen Sie große Menschenansammlungen?

b) Oder haben Sie Spaß daran, sich unter die »große Masse« zu mischen?

Punkteverteilung:

Geben Sie sich für jede richtige Antwort 5 Punkte: 1a), 2a), 3a), 4a), 5b), 6a), 7a), 8a), 9b), 10b).

Die Höchstpunktzahl beträgt 50 Punkte.

Testauswertung:

40–50 Punkte: Wenn Sie ehrlich eine solche Punktzahl erreicht haben, sind Sie zweifellos ausgeglichen und nicht leicht zu irritieren.

25–35 Punkte: Sie neigen dazu, manchmal etwas empfindlich und reizbar zu sein.

20 Punkte und weniger: Sie sind tatsächlich zu empfindlich. Das ist weder für Sie noch für Ihre Mitmenschen angenehm.

WAS ICH NOCH VON MIR WISSEN WILL

Sollten Sie bisher die Tests ausgefüllt haben, haben Sie auf jeden Fall ein großes Durchhaltevermögen, sind konsequent und interessiert an sich. Wunderbar.

Hier noch weitere Tests, die Sie zu einer Einschätzung Ihrer Person bringen können.

Test: Wie gut kann ICH meine Ideen umsetzen?

Eine Idee ist bekanntlich nur dann etwas wert, wenn sie umgesetzt wird. Und gerade das ist das Kunststück, das nicht jeder beherrscht.

1. Herr Schmidt bekam von einem Freund eine Kunststeinfigur für den Garten geschenkt. Er fand die Figur geradezu lächerlich, wollte den Schenkenden aber nicht beleidigen und wandte sich an einen anderen Freund um Rat. Der gab ihm gleich drei Ratschläge. Welchen finden Sie am originellsten?

a) die Figur aufstellen und mit schnellwüchsigen
   Sträuchern einwachsen lassen . . . . 3 Punkte

b) um die Figur eine Gartenlaube bauen,
   dann wäre sie im Garten nicht zu sehen . . . . 4 Punkte

c) das Ding einfach im Garten vergraben . . . . 1 Punkt

2. Sie hätten in Ihrer Firma gerne eine interessante Aufgabe übernommen, aber diese wurde einem Kollegen übertragen. Kurz darauf wurde der Kollege krank, und nun wandte sich der Chef an Sie. Er wusste genau, wie gerne Sie ursprünglich diese Arbeit übernommen hätten, und stellte Ihnen daher jetzt auch frei abzulehnen.

a) Sie lehnen ab. . . . . 3 Punkte

b) Sie lehnen nicht ab. . . . . 1 Punkt

c) Sie wissen nicht, wie Sie sich entscheiden würden. . . . 5 Punkte

3. In einem Lokal beobachten Sie drei Herren, von denen jeder die gemeinsame Zeche begleichen will. Jeder hat dafür ein Argument vorzubringen. Welcher, meinen Sie, wird tatsächlich zahlen, A, B oder C?

a) A meint, dass er der Älteste ist und darum bezahlen
   muss. . . . . 6 Punkte

b) B argumentiert, dass er nach bereits zweimalig erfolgter
   Einladung heute an der Reihe wäre. . . . . 2 Punkte

c) C schlägt vor, einfach zu würfeln. . . . . 0 Punkte

4. Bei einer Gesellschaft unter Freunden führt einer Zaubertricks vor. »Der Zauberer« bittet Sie, ihm ein bisschen behilflich zu sein, und weiht Sie deshalb in einige »magische Geheimnisse« ein. Nach der Darbietung werden Sie bestürmt, etwas von Ihren Erfahrungen preiszugeben. Der Zauberkünstler stellt Ihnen unter allerlei Hokuspokus frei, einem der Anwesenden die Tricks zu verraten. Aber nur einem! Ansonsten würde er Sie mit einem »Zauberfluch« belegen. Wem flüstern Sie nun die Zaubergeheimnisse ins Ohr?

a) dem kleinen Jungen des Gastgebers . . . . 2 Punkte

b) einer sympathischen jungen Dame . . . . 5 Punkte

c) Ihrem ebenfalls anwesenden Chef . . . . 4 Punkte

5. Mit einem leidenschaftlichen Zigarrenraucher haben sich Freunde folgenden Spaß gemacht: Sie boten ihm eine billige Zigarre an, die sie vorher mit einer imposanten »Bauchbinde« versahen, und priesen sie als besondere Spezialität an. Der Zigarrenfan merkte sofort den Streich. Welche seiner möglichen Reaktionen gefiele Ihnen am besten?

a) Er legte den Glimmstängel weg und meinte:
»Zug hat sie auch keinen besonderen.« . . . . 1 Punkt

b) Er betrachtete nachdenklich die »Bauchbinde«
und sagte dann: »Das ist das Beste an dem Ding.« . . . . 5 Punkte

c) Nach einigen Zügen fragt er: »Könnt ihr mir davon
eine Kiste für meinen Chef besorgen?« . . . . 3 Punkte

Testergebnis:

5–9 Punkte: Sie können jede Idee umsetzen. Ob von Ihnen oder einem anderen, ob sie gut ist oder schlecht. Sie beherrschen es nämlich meisterhaft, andere zu überzeugen. Die Sache hat nur einen Haken: Wenn die Idee einmal in das Stadium der Verwirklichung zu treten beginnt, bekunden Sie an ihr nur mehr mäßiges Interesse. Zwangsläufig muss das also dazu führen, dass man Ihre vorgebrachten Ideen nicht mehr richtig schätzt. Überlegen Sie es sich also in Zukunft zweimal, ehe Sie wieder mit einer neuen Idee anrücken.

10–15 Punkte: Wie sehr vielen Leuten, die ausgezeichnete Ideen haben, fehlt auch Ihnen die sich über alles hinwegsetzende Überzeugungskraft. Nur allzu leicht lassen Sie sich entmutigen und reagieren empfindlich auf Kritik, auch wenn diese völlig unangebracht ist. Auf lange Sicht freilich setzen auch Sie Ihre Ideen durch. Nur leider kann Ihnen dann passieren – vielleicht ist es Ihnen sogar schon passiert –, dass sich andere Ihrer Idee bemächtigen und sie als die eigene ausgeben.

16–20 Punkte: Sie schaffen es mit Ausdauer! Da Sie wissen, dass es seine Zeit braucht, ehe eine gute Idee umgesetzt werden kann, lassen Sie sich auch Zeit und bereiten alles systematisch vor. Zum guten Schluss bleibt Ihren Partnern dann gar keine andere Wahl, als sich Ihrer Idee zu bedienen. Auf diese langsame Art kommen Sie freilich nicht dazu, gute Ideen »am laufenden Band« zu produzieren, und so kommen Sie auch nicht in den von so manchem begehrten Ruf, in jeder Situation eine geniale Idee zur Hand zu haben. Das braucht Sie aber nicht zu stören! Anderen geht es auch nicht anders.

21–25 Punkte: Es scheint ganz merkwürdig mit Ihnen zuzugehen: Sie haben gar keine Lust, Ihre Ideen umzusetzen. Da es ja kaum der Fall sein dürfte, dass Sie keine haben, muss es eher an einer gewissen Resignation liegen, die von Ihnen Besitz ergriffen hat. Oder ist es einfach nur Bequemlichkeit? Sie haben vermutlich auch bei der Beantwortung einiger Testfragen überraschend lange gezögert, was aber auch darauf schließen lassen könnte, dass Sie sich noch nicht ganz im Klaren darüber sind, wo Sie den Hebel zum Ausbau Ihrer Karriere ansetzen sollen.

Test: Bin ICH der Typ für den zweiten Platz?

Sie sind genauso tüchtig, genauso gewissenhaft und haben so gute Eigenschaften wie andere. Vielleicht übertreffen Sie manchen sogar. Und trotzdem: Sie werden das Gefühl nicht los, dass Ihnen manchmal der Rang abgelaufen wird. Wieso?

1. In Ihrem Beisein wird ein anderer für eine Leistung gelobt, die Sie erbracht haben. Wie – erwarten Sie – wird sich der andere verhalten?

a) Er wird das Lob sofort von sich weisen.

b) Er wird gar nicht begreifen, dass nicht er es ist, der die Leistung erbracht hat.

c) Er wird auf den wahren Sachverhalt verweisen.

d) Er wird sich nachher über den Irrtum amüsieren.

e) Er wird gar keinen Kommentar abgeben.

2. Jeder möchte manchmal am liebsten alles hinschmeißen. Wenn es Ihnen so geht, was könnte am ehesten bewirken, dass sich Ihre Stimmung schlagartig verbessert?

a) ein beachtlicher Lottogewinn

b) die Aussicht, ein Jahr lang auf unbezahlten Urlaub gehen zu können

c) gar nichts

d) eine berufliche Besserstellung

e) eine Eroberung beim anderen Geschlecht

3. Sie haben Krach mit Ihrem Partner. Was ärgert Sie dabei am meisten?

a) dass Sie immer nachgeben sollen

b) dass der Partner jedes Ihrer Worte auf die Waagschale legt

c) dass es im Grunde um gar nichts Wichtiges geht

d) dass Sie sich hinreißen ließen

e) dass der Partner sein Unrecht einsieht

4. Wann ist es Ihnen am unangenehmsten, gestört zu werden?

a) bei der Arbeit

b) bei einer Freizeitbeschäftigung

c) bei einem fröhlichen Beisammensein mit Freunden

d) bei einer interessanten Lektüre

e) bei einem Fernsehkrimi

5. Was, finden Sie, ist an der Jugend das Schönste?

a) die Ungebundenheit

b) keine Pflichten zu haben

c) die unbeschwerte Naivität

d) die erste Liebe

e) die Sorglosigkeit

6. Worüber würden Sie sich als Anerkennung für eine Leistung am meisten freuen?

a) finanzielle Zuwendung

b) Auszeichnung, Ehrung

c) berufliche Beförderung

d) weiß ich nicht so recht

e) eine wertvolle Ehrengabe

7. Was, glauben Sie, ist die wichtigste Voraussetzung, um eine außergewöhnliche Karriere zu machen?

a) Fleiß und Ausdauer

b) Können

c) Beziehungen anknüpfen

d) Glück

e) Begabung

8. Sie lesen in der Zeitung, dass Ihr bester Studienkollege in ein einflussreiches Amt berufen wurde. Welche Bedenken hätten Sie am ehesten, ihm eine Glückwunschkarte zu schicken?

a) Er wird sie ohnehin nicht lesen.

b) Er wird meinen, dass ich etwas von ihm will.

c) Er wird sich kaum noch an mich erinnern.

d) Am Ende fühlt er sich mir dann verpflichtet.

e) Ich hätte gar keine Bedenken.

9. Was könnte Sie am ehesten von einer Idee, von der Sie überzeugt sind, abbringen?

a) wenn mir von allen Seiten abgeredet wird

b) wenn ich weiß, dass ein anderer dieselbe Idee verwirklichen will und schon viel weiter ist als ich

c) wenn ich gewisse Voraussetzungen, vor allem finanzielle, nur schwer erfüllen könnte

d) wenn mir bei genauer Überlegung enorme Schwierigkeiten bewusst würden

e) wenn ich im engsten Familienkreis keine moralische Unterstützung fände

10. In einer Gesellschaft treffen Sie eine bekannte, viel umschwärmte Person. Diese strengt sich nun augenfällig an, Ihre Aufmerksamkeit auf sich zu lenken. Was könnte der Grund dafür sein?

a) mein Aussehen und der gute Eindruck, den ich mache

b) Ich weiß es nicht.

c) Sicher will die Person etwas von mir.

d) Die Person wird von allen umschwärmt, nur von mir nicht, also setzt sie alles daran, um auch mich zu »bezirzen«.

e) Was auch immer der Grund ist, sie wird kein Glück bei mir haben!

11. In einer lang andauernden Konferenz prallen die Meinungen hart aufeinander! Als schließlich abgestimmt wird, erweist sich, dass Sie das »Zünglein auf der Waage« sind. Für welche Seite stimmen Sie?

a) auf der die besseren Argumente vorgebracht wurden

b) auf der Sie die kreativeren Persönlichkeiten vermuten

c) auf der Ihre weniger harten Widersacher sind

d) auf der Sie sich einen persönlichen Vorteil erwarten

e) selbstverständlich für die Seite, auf der Sie von Anfang an standen

12. Warum, glauben Sie, wird manchmal Ihre Meinung nicht richtig beachtet, obwohl Sie, wie sich oft herausstellte, recht hatten?

a) weil mir im rechten Augenblick nicht immer die besten Argumente einfallen

b) weil andere einfach aggressiver sind

c) weil ich, offen gestanden, mitunter gar keinen Wert darauf lege

d) weil sich andere von ihrer vorgefassten Meinung eben nicht abbringen lassen

e) weil eine auf Vernunft basierende Meinung oft zurückgewiesen wird

Punkteverteilung:

1. a) 2, b) 3, c) 4, d) 0, e) 1   **2.** a) 2, b) 1, c) 0, d) 3, e) 4

3. a) 3, b) 4, c) 1, d) 0, e) 2   **4.** a) 3, b) 4, c) 1, d) 2, e) 0

5. a) 4, b) 3, c) 0, d) 2, e) 1   **6.** a) 3, b) 2, c) 4, d) 0, e) 1

7. a) 3, b) 4, c) 2, d) 1, e) 0   **8.** a) 0, b) 3, c) 1, d) 2, e) 4

9. a) 3, b) 2, c) 0, d) 4, e) 1   **10.** a) 0, b) 1, c) 3, d) 2, e) 4

11. a) 4, b) 3, c) 2, d) 1, e) 0   **12.** a) 3, b) 2, c) 0, d1, e) 4

Testergebnis:

bis 12 Punkte: Sie müssen schon deshalb immer wieder unterliegen, weil Ihnen einfach der Mut fehlt, sich am eigenen Schopf zu packen und daran in die Höhe zu ziehen! Dann würden Sie merken, dass es um Sie herum viele »Zweite« gibt. Fast jeder fällt irgendwann einmal auf die Nase, nur: Mancher rafft sich wieder auf, und mancher eben nicht. Also: Raffen Sie sich auf und versuchen Sie, sich abzugewöhnen, für sich selbst immer wieder neue Ausreden zu erfinden!

13–22 Punkte: Sie sind manchmal »Zweiter«, weil Sie recht bequem sind! Warum Geist und Energie strapazieren? Es nimmt ja doch alles seinen Lauf, nur – wenn es ihn dann tatsächlich genommen hat, hadern Sie mit der Welt und Ihrem Schicksal. Mobilisieren Sie Ihre geistige Kapazität und Sie werden merken, dass das deprimierende Gefühl, immer wieder »Zweiter« zu sein, aus Ihrer Empfindungsskala verschwindet. Verfallen Sie nicht in den Irrglauben, dass es andere leichter haben!

23–37 Punkte: Sie sind absolut niemals »Zweiter«. Sie bilden sich das nur ein! Es ist nun einmal so, dass nicht alles, was man anstrebt, auch geschafft werden kann. Überlegen Sie: Hat nicht schon mancher, der Ihnen Ihrer Meinung nach den Rang abgelaufen hat, letzten Endes doch vor Ihnen kapituliert? Und haben Sie nicht Leistungen vollbracht, um die Sie von anderen beneidet werden?

38–48 Punkte: Es scheint, als ob Sie alles daransetzen würden, ein »Zweiter« zu sein. Wundern Sie sich also nicht, wenn Sie es hin und wieder auch werden! Es dürfte Ihnen an Entschlossenheit fehlen, und das merken natürlich andere. Für diese ist es dann nicht schwer, Sie in die zweite Reihe zurückzudrängen. Mobilisieren Sie Ihre Energien und bemühen Sie sich, wachsamer zu sein!

Test: Treffe ICH immer den richtigen Ton?

Welche Antworten geben Sie, wenn …

1. … Sie in einem Reisebüro nach einem ruhigen Ferienort fragen und Ihnen geantwortet wird: »Langweiliges haben wir nicht anzubieten.«

a) »Schade, dann muss ich mich eben anderswo
   umsehen.« . . . . 8 Punkte

b) »Außer langweiligen Antworten, wie mir scheint.« . . . 3 Punkte

2. ... Sie eine fremde Stimme am Telefon fragt: »Können Sie beweisen, wo Sie letzten Dienstag zwischen neun und zehn gewesen sind?«

a) »Wenn ich will, ja. Aber was geht Sie das an?« . . . . . . 6 Punkte

b) »Das kann ich nicht, aber ich bin gespannt,
   ob Sie es herausfinden.« . . . . 5 Punkte

3. ... Sie ein Fremder auf der Straße anrempelt und dann noch wütend sagt: »Können Sie nicht aufpassen?«

a) »Warum sollte ich? Ich habe ja auch kein gutes
   Benehmen.« . . . . 4 Punkte

b) »Aufpassen sollten eher Sie!« . . . . 7 Punkte

4. ... Sie von einem Roman schwärmen und jemand meint: »Der ist doch nur etwas für Schwachsinnige.«

a) »Eben, gerade darum sollten Sie ihn ja lesen.« . . . . . . 4 Punkte

b) »Können Sie denn das beurteilen?« . . . . 8 Punkte

5. ... Ihnen irrtümlich eine Mahnung ins Haus flattert, in welcher Sie »... zum letzten Mal aufgefordert werden, die offene Rechnung zu begleichen.«

a) »Bedauere, Ihnen mitteilen zu müssen, dass es sich wohl
   um einen Irrtum handelt.« . . . . 7 Punkte

b) »Ihre Mahnung anbei zurück. Betrifft mich nicht.« . . . . 3 Punkte

6. ... Sie nach einer langweiligen Party nach Hause wollen, aber bestürmt werden: »Jetzt wird es doch erst lustig!«

a) »... kann schon sein, entschuldigen Sie mich trotzdem.« 5 Punkte

b) »Lustig zu sein strengt an, und ich habe mich schon
   genügend angestrengt.« . . . . 6 Punkte

7. ... Sie ein neidischer Freund fragt: »Was hast du im letzten Jahr wirklich verdient?«

a) »Wenn ich die Wahrheit sage, glaubst du mir nicht, und wenn ich übertreibe, platzt du womöglich vor Neid.« . . . 8 Punkte

b) »Offen gestanden, die Hälfte von dem, was ich ausgegeben habe.« . . . . 3 Punkte

8. ... Ihnen ein Bekannter zum fünften Male denselben Witz erzählt.

a) »Beim letzten Mal haben Sie die Pointe aber besser gebracht.« . . . . 5 Punkte

b) »Er ist wirklich gut, den hat mein Großvater immer erzählt.« . . . . 6 Punkte

Testergebnis:

32–38 Punkte: Es fällt Ihnen wirklich nicht schwer, immer den richtigen Ton zu treffen. Selbst in verzwickten Situationen fallen Sie nicht aus der Rolle. Das hat Ihnen den Ruf eingetragen, ein höflicher Mensch zu sein. Manche freilich halten Sie für nicht immer ganz ehrlich bei Ihren Meinungsäußerungen.

39–44 Punkte: Sie verstehen es meisterhaft, immer den richtigen Ton anzuschlagen, das hat schon manchen verblüfft, manchmal sogar verärgert, aber man kommt gegen Sie nicht an. Wird die Situation hie und da delikat, hüllen Sie sich einfach in Schweigen. Dass Sie dabei riskieren, unhöflich zu wirken, darf Sie eben nicht stören.

45–51 Punkte: Der Ton macht die Musik. Sie sind leider ein bisschen »unmusikalisch«, dafür aber umso ehrlicher. Die so entstehenden Misstöne werden Ihnen also manchmal angekreidet. Das sollte Sie nicht weiter stören, aber vielleicht manchmal etwas zur Vorsicht mahnen.

52–56 Punkte: Sie haben eine geradezu verblüffende Fähigkeit danebenzugreifen. Das geht so weit, dass Sie mitunter grob wirken. Nur wer Sie näher kennt, weiß, dass man prächtig mit Ihnen auskommen kann, vorausgesetzt, dass man die von Ihnen bevorzugten Trampelpfade akzeptiert.

Test: Kann ICH eine verfahrene Situation retten?

Wer das kann, zählt zur Gruppe der gesuchtesten Personen unserer Zeit. Denn im Großen wie im Kleinen gibt es dauernd verfahrene Situationen. Der Test soll Ihnen helfen, sich richtig einzuschätzen – was unter Umständen von großem Nutzen sein kann.

1. Nach einer Besprechung in Ihrem Büro hat ein Teamleiter ein Schriftstück liegen lassen, aus dem eindeutig hervorgeht, dass er genau das Gegenteil von dem veranlasst hat, was Sie ihm einige Tage vorher geraten hatten.

a) Versuchen Sie, mit ihm darüber zu reden? . . . . 9 Punkte

b) Lassen Sie es ihm kommentarlos von der Sekretärin

  zurückbringen? . . . . 5 Punkte

c) Warten Sie ab, ob er selber darauf reagiert? . . . . 3 Punkte

2. In Ihrem Büro wird – an sich belangloser – Klatsch über einen Kollegen kolportiert. Und das gleich in drei Varianten. Wem glauben Sie am ehesten?

a) einem mit Ihnen befreundeten Kollegen . . . .   7 Punkte

b) Ihrer Sekretärin . . . .   4 Punkte

c) einem Vorgesetzten . . . . 10 Punkte

3. Ihre Sekretärin nimmt sich einen freien Tag, um – wie sie zu Ihnen sagt – Familienangelegenheiten zu ordnen. Zufällig erfahren Sie aber, dass sie nur beim Friseur gewesen ist. Wie reagieren Sie?

a) Bewundern Sie am nächsten Tag ihre neue Frisur? . . . 2 Punkte

b) Geben Sie ihr zu verstehen, dass Sie in künftigen Fällen

  keine Ausrede zu erfinden braucht? . . . . 8 Punkte

c) Übergehen Sie die Sache einfach? . . . . 6 Punkte

4. Eine alte chinesische Legende berichtet von zwei kostbaren lebensgroßen Porzellanpferden, von denen eines einem Kaufmann gehörte, den ein amerikanischer Geschäftsfreund besuchte. Zu vorgerückter Stunde und nach reichlichem Reisweingenuss versuchte der Gast, das kostbare Stück zu besteigen, und dabei zerbrach es in unzählige Scherben. Der weise Chinese lächelte und sagte angeblich einen der drei nachstehenden Sätze. Welcher würde Ihnen am besten gefallen?

a) »Das macht nichts, jetzt ist das andere Pferd noch
   viel wertvoller.« . . . . 4 Punkte

b) »Trösten Sie sich, lieber Freund, das Ding war ohnehin
   schon uralt.« . . . . 5 Punkte

c) »Ich werde Ihnen ein wirkliches Pferd satteln lassen,
   lieber Freund.« . . . . 9 Punkte

5. Wenn Sie für einen Tag lang eine von den drei Persönlichkeiten sein dürften, welche würden Sie gerne sein?

a) Robinson Crusoe . . . . 2 Punkte

b) Cäsar . . . . 9 Punkte

c) der weise Cicero . . . . 7 Punkte

Testergebnis:

15–23 Punkte: In Ihrem Unterbewusstsein dürften Sie sich nach verfahrenen Situationen geradezu sehnen! Mit nachtwandlerischer Sicherheit gehen Sie daran, sie zu retten! Im kritischen Augenblick stehen Sie nämlich ganz über der Situation und betrachten die Ereignisse wie ein Mann am Spieltisch die rollende Kugel – wenn er selbst nichts gesetzt hat. Ihre Selbstsicherheit lässt nur dann etwas nach, wenn es sozusagen um Ihre eigene Haut geht. Warum eigentlich? Versuchen Sie doch, auch Ihre eigenen Probleme etwas aus der Distanz zu betrachten.

24–30 Punkte: Mitunter ist es Ihnen schon recht gut gelungen, eine verfahrene Situation zu retten. Es war immer dann der Fall, wenn Sie auf einer Erfolgswelle dahergeritten kamen. Ist kurz vorher etwas gründlich schiefgegangen, war Ihr Selbstvertrauen angeschlagen und Sie wagten, von Unsicherheit gequält, keine Entscheidungen zu fällen. Dabei hätten Sie aber immer ganz genau gewusst, worauf es angekommen wäre. Richten Sie sich in Zukunft etwas danach, und Sie werden bald ein Meister im Retten verfahrener Situationen sein.

31-39 Punkte: Sie versuchen, verfahrene Situationen einfach zu ignorieren. Das ist auch eine Methode, mit ihnen fertigzuwerden. Sie haben bewiesen, dass sie funktioniert und nicht die schlechteste sein muss. Auf die Dauer wird sie sich aber doch nicht immer praktizieren lassen, besonders dann, wenn Sie selbst in die Ereignisse mit hineingezogen werden. Da könnte man Ihnen nämlich die sprichwörtliche »Vogel-Strauß-Politik« vorwerfen.

40–45 Punkte: Vielleicht geraten Sie in kritischen Fällen etwas zu leicht in Panikstimmung, und daher können Sie nicht ganz klar abschätzen, wie es nun am besten weitergehen soll. Erst nach einer Atempause haben Sie sich wieder einigermaßen in der Hand und sind in der Lage, klare Entscheidungen zu fällen. Dann können Sie eine verfahrene Situation nicht mehr auf Anhieb retten, aber es wird Ihnen immer wieder gelingen, das Ärgste im letzten Augenblick zu verhindern.

Test: Kann ICH schweigen?

Dass Sie sich selbst für verschwiegen wie ein Fisch halten, steht wohl außer Frage. Aber wie denken andere über Sie? Beantworten Sie (ehrlich!) die Testfragen, und Sie werden darüber Bescheid wissen.

1. Machen Sie sich Tagebuchaufzeichnungen?

Ja: 4 Punkte / Nein: 9 Punkte / Fallweise: 7 Punkte

2. Haben Sie von Unternehmungen eines guten Bekannten erst von anderen erfahren?

Ja: 9 Punkte / Nein: 6 Punkte / Manchmal: 7 Punkte

3. Finden Sie es taktlos, wenn über einen Nichtanwesenden intime Dinge erzählt werden?

Ja: 7 Punkte / Nein: 9 Punkte / Manchmal: 4 Punkte

4. Würden Sie einen Brief mit diskriminierenden Äußerungen über einen guten Bekannten vernichten?

Ja: 7 Punkte / Nein: 9 Punkte / Ich weiß nicht: 6 Punkte

5. Stellen Sie sich überrascht, wenn Ihnen eine Neuigkeit privater Natur berichtet wird, die Sie schon längst kennen?

Ja: 9 Punkte / Nein: 7 Punkte / Manchmal: 4 Punkte

6. Wenn Sie einem guten Freund eine Warnung zukommen lassen können, dadurch aber einen Vertrauensbruch begehen müssten, täten Sie es trotzdem?

Ja: 6 Punkte / Nein: 9 Punkte / Vielleicht: 7 Punkte

7. Finden Sie, dass man über Geschehnisse in seiner Umgebung immer bestens informiert sein muss?

Ja: 7 Punkte / Nein: 4 Punkte / Ich weiß nicht: 9 Punkte

8. Was halten Sie von Leuten, die manchmal »ihr Herz ausschütten« müssen?

Nicht viel: 7 Punkte / Habe Verständnis: 6 Punkte / Kenne ich keine: 9 Punkte

Testergebnis:

40–48 Punkte: Man hält Sie für verschwiegen wie den sprichwörtlichen Fisch. So kommt es auch, dass man Ihnen manche interessante Neuigkeit gar nicht anvertraut, da ja manche Leute Wert darauf legen, dass sie weitererzählt wird. Auf diese Art von Vertrauen können Sie aber auch weiterhin gerne verzichten.

49–56 Punkte: Dass manche Leute Sie mit einem »Beichtvater« zu verwechseln scheinen, ist noch kein Beweis, dass man Sie für verschwiegen hält. Auch wenn das manchmal sein mag. Im engeren Bekanntenkreis ist man eher misstrauisch. Nicht etwa, weil man Ihnen einen Vertrauensbruch nachweisen könnte, aber weil Sie Ihre Verschwiegenheit zu oft herausstreichen.

57–68 Punkte: Der Schein trügt: Sie werden für gar nicht verschwiegen gehalten, sind es aber trotzdem in beachtlichem Maße; dass Sie so verkannt werden, liegt vermutlich an Ihrer Offenherzigkeit, die sehr oft fehlgedeutet wird. Es sollte Sie trösten, dass Sie von wirklich guten Freunden richtig eingeschätzt werden.

69–72 Punkte: Hatten Sie nicht schon manchmal das Gefühl, dass Ihnen etwas unter dem Siegel strengster Verschwiegenheit mitgeteilt wurde, nur zu dem Zweck, dass es möglichst bald die Runde macht? Ihr Ruf, absolut nichts für sich behalten zu können, hat auch einen großen Vorteil: Man behelligt Sie nicht mit dem täglichen Klatsch.

Test: Durchschaue ICH Lügen?

Dick aufgetragene Lügen sind vielleicht zu durchschauen, aber manchmal geht es doch nur mit dem Gefühl. Haben Sie es? Und können Sie sich darauf verlassen?

1. Haben Sie manchmal das Gefühl, dass andere viel mehr erleben als Sie?
a) ja
b) sehr selten
c) eher nein
d) auf keinen Fall

2. Erzählen Ihnen manchmal flüchtige Bekannte Dinge, die Sie gar nicht wissen wollen?
a) ist mir noch nicht aufgefallen
b) bis zum Überdruss
c) nein
d) eher ja

3. Glauben Sie, dass Sie manchmal für misstrauisch gehalten werden?
a) glaube ich nicht
b) ist mir völlig gleichgültig
c) ich glaube, ja
d) es wäre mir nur recht

4. Wann empfinden Sie am ehesten für einen anderen Sympathie?

a) wenn er ein gutes Benehmen hat

b) wenn er nicht zu viel redet

c) das ist reine Gefühlssache

d) wenn er freundlich ist

5. Es hat Sie sicher schon einmal jemand enttäuscht. Warum?

a) Ich hatte wohl zu große Erwartungen gesetzt.

b) Das ist nicht so einfach zu beantworten.

c) Ich hatte mich selbst wohl auch nicht richtig verhalten.

d) Das möchte ich selber gerne wissen!

6. Jemand erzählt Ihnen eine unglaubwürdige Geschichte. Wie würden Sie diese am ehesten überprüfen?

a) indem ich frage, wer noch dabei war

b) gar nicht, es wäre mir viel zu gleichgültig

c) Ich würde sie mir öfter erzählen lassen und darauf achten, ob es vielleicht Abweichungen gibt.

d) Ich würde anregen, dass sie der Erzähler auch noch anderen berichtet; wenn er ablehnt, ist sie erlogen.

7. Mit wem unterhalten Sie sich am liebsten?

a) mit guten Freunden.

b) mit jedem; man kann immer etwas profitieren.

c) mit Leuten, die mir nicht gleich ihre privaten Sorgen erzählen.

d) Es ist mir egal, Hauptsache, es stellt sich heraus, dass wir die gleichen Interessen haben.

Punkteverteilung:

1. a) 0, b) 1, c) 2, d) 3   **2.** a) 0, b) 4, c) 1, d) 2   **3.** a) 0, b) 4, c) 2, d) 3

4. a) 2, b) 0, c) 3, d) 1   **5.** a) 2, b) 1, c) 3, d) 4   **6.** a) 2, b) 4, c) 3, d) 0

7. a) 1, b) 4, c) 2, d) 3

Testergebnis:

Bis 6 Punkte: Es muss einer schon sehr dick auftragen, damit Sie merken, dass er Sie bewusst und einen bestimmten Zweck verfolgend belügt. Sie sind eben ein sehr unbefangener Mensch, der es trotz so mancher schlechter Erfahrung eben immer noch nicht glauben kann, dass andere irgendeines Vorteils wegen die dicksten Unwahrheiten auftischen. Sie sollten aufpassen, dass Sie dadurch nicht einmal in eine schiefe Situation geraten!

7–12 Punkte: Sie fühlen manchmal sehr deutlich, wenn Ihnen jemand nicht die Wahrheit sagt, und richten sich auch sofort geistig darauf ein. Leider wird aber gerade das von anderen sehr schnell bemerkt, und das Gegenüber hat somit Gelegenheit, aus der Falle, die Sie stellen könnten, zu entwischen. Vielleicht sollten Sie sich bemühen, einen unbefangeneren Eindruck zu machen, wenn Sie wieder einmal merken, dass Sie bewusst belogen werden.

13–19 Punkte: Sie fühlen es manchmal sehr wohl, wenn Sie belogen werden, aber irgendetwas in Ihnen wehrt sich, es auch richtig zur Kenntnis zu nehmen. Ihre Zweifel – »Hat er nun gelogen oder nicht?« – sind dann für Sie geradezu zermürbend. Das hat wiederum zur Folge, dass das Gefühlsmäßige stark in den Hintergrund gedrängt wird, Sie allerdings von der sachlichen Überlegung aus zu keinem rechten Resultat kommen. Verlassen Sie sich also mehr auf Ihr Gefühl. Es trügt weniger als manchmal angestellte Erwägungen.

20–26 Punkte: Sie haben einen gut ausgeprägten Instinkt für Wahrheit oder Lüge und verstehen es überdies, es sich nicht anmerken zu lassen, wenn Sie Ihr Gegenüber durchschaut haben. Dadurch sind Sie auch davor gefeit, in irgendeine durch Lügen aufgebaute Falle zu stolpern. Vielleicht sollten Sie sich bemühen, es darauf anzulegen, dass sich der andere in seinem Lügengestrüpp verfängt. Es scheint so, als ob Sie das ansatzweise mitunter schon zuwege gebracht hätten.

Test: Könnte ICH ein Superstar sein?

Sollten Sie vorhaben, ein Hollywood-Superstar, eine Prinzessin oder ein Rock-Idol zu werden, dann stellen Sie erst einmal fest, ob Ihnen das Leben gefallen würde, laufend zwischen München, Rom, Paris,

New York und Los Angeles herumzufliegen, abgesehen von all dem Klatsch, der ständig über Sie in Umlauf wäre.

1. Wessen Lebensstil sagt Ihnen am meisten zu? Der von
a) Madonna?
b) Dieter Bohlen?
c) der Queen?

2. Als was oder wer möchten Sie am liebsten auf einen Maskenball gehen?
a) Valentino oder Marilyn Monroe
b) Penner oder Hexe
c) als Sie selbst, weil Sie sich im Kostüm albern vorkommen

3. Wen fragen Sie am häufigsten um Rat?
a) Ihren Steuerberater
b) Ihren Rechtsanwalt
c) Ihren Bankberater

4. Wohnen Sie
a) in einer Großstadt?
b) auf dem Land?
c) in einem Vorort?
d) in einer Provinzstadt?

5. Ihr alltäglicher Drink ist
a) Grappa oder Bier?
b) Gin, Wodka, Rum oder Martini?
c) Sherry, Likör oder Ramazotti?
d) Prosecco, Wein?

6. Wo verwenden Sie häufig Ihre EC-Karte?
a) in Restaurants und Bars
b) bei Ihrer Bank
c) bei irgendeiner Bank

7. Welches ist Ihr idealer Ferienort?

a) Westindien

b) Spanien

c) Südfrankreich

8. Wo parken Sie am meisten?

a) auf einem bewachten Parkplatz

b) mit Parkschein

c) wo es verboten ist

9. Welche Erfindung macht Ihnen im Leben die größte Freude?

a) Champagner

b) Clubs

c) der DVD-Recorder

10. Wo darf Frau »oben ohne« gehen?

a) nur am FKK-Strand

b) wo immer sie Lust hat

c) nur im Bad

11. Was tun Sie, wenn Ihre Verabredung zum Abendessen im letzten Moment platzt?

a) Sie finden schnell Ersatz.

b) Sie gehen allein zum Essen.

c) Sie essen zu Hause – allein.

12. Zu welcher Gelegenheit suchen Sie am sorgfältigsten Ihre Garderobe aus, die Sie tragen?

a) zur Arbeit

b) für die Freizeit

c) für beide Gelegenheiten

13. Wo waren Sie, als Sie das letzte Mal ausgingen?

a) in Ihrem Stammlokal

b) in einem Ihnen unbekannten Restaurant
c) im Kino

14. Arbeiten Sie

a) mit festen Büro- oder Arbeitsstunden?
b) selbstständig?
c) wie es gerade anfällt?

15. Was bedeutet für Sie ein Picknick?

a) Kartoffelsalat mit Würstchen
b) belegte Brote mit Thermosflasche
c) köstliche Salate mit Wein

16. Wie geben Sie Ihr Geld aus?

a) bar
b) mit EC-Karte
c) mit Kreditkarte

17. Wo sind Sie am glücklichsten?

a) zu Hause
b) bei einem gemütlichen Restaurantbesuch nur mit Ihrem Partner
c) im Freundeskreis

18. Wenn Sie zu viel getrunken haben, sind Sie

a) müde
b) liebesbedürftig
c) zänkisch
d) lustig

19. Sie haben etwas Geld gewonnen. Was tun Sie?

a) Sie legen es auf Ihr Bankkonto.
b) Sie laden Ihren Partner zu einem besonders netten Abend ein.
c) Sie geben eine große Party mit allen Freunden und Bekannten.

20. In welchem Auto säßen Sie am liebsten am Steuer?

a) in einem neuen Rolls-Royce
b) in einem neuen Mercedes
c) in einem neuen BMW
d) in einem alten Rolls-Royce

Punkteverteilung:

1. a) 2, b) 0, c) 0	**2.** a) 2, b) 0, c) 0	**3.** a) 2, b) 0, c) 1
4. a) 2, b) 1, c) 0, d) 0	**5.** a) 0, b) 2, c) 0, d) 1	**6.** a) 2, b) 0, c) 1
7. a) 2, b) 0, c) 1	**8.** a) 0, b) 1, c) 2	**9.** a) 2, b) 2, c) 0
10. a) 0, b) 2, c) 0	**11.** a) 2, b) 1, c) 0	**12.** a) 0, b) 1, c) 2
13. a) 0, b) 2, c) 1	**14.** a) 0, b) 2, c) 1	**15.** a) 0, b) 0, c) 2
16. a) 0, b) 1, c) 2	**17.** a) 0, b) 1, c) 2	**18.** a) 0, b) 0, c) 2, d) 1
19. a) 0, b) 0, c) 2	**20.** a) 0, b) 0, c) 2, d) 2	

Testauswertung:

30–40 Punkte: Sensationell! Ihr Lebensstil ist wie geschaffen für ein Societyleben, vollkommen ausgeglichen und dem internationalen Jetset angepasst! Sie können sich jedem Trend dieser wandelbaren Gattung anpassen.

15–29 Punkte: Sie verstehen es, ein gutes Leben zu führen, aber wahrscheinlich wären Sie es nach einigen Monaten auch leid. Schließen Sie einen persönlichen Kompromiss, genießen Sie das stilvolle Leben und seien Sie zufrieden mit dem Teil in Ihrem Leben, der die Ruhe genießt.

0–14 Punkte: Vergessen Sie den ganzen Jetset! Sie sind nicht der Typ, der auf Anhieb mal eben nach Los Angeles fliegt. Sie lieben es nicht, auf die Schnelle das Flugticket zu buchen, und bei der Ankunft kämen Sie sich möglicherweise völlig verloren vor.

Das Erkannte neu sortieren

Es ist Ihr Bild, das Sie vervollständigt haben.

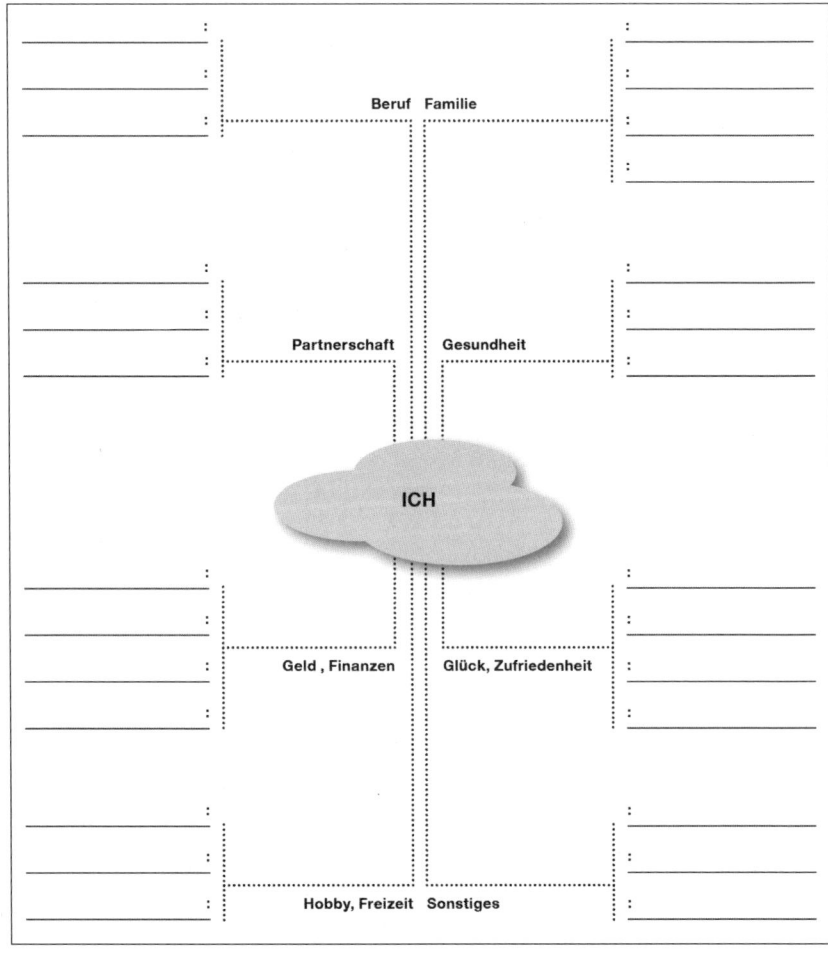

RESÜMEE

Vielen Dank für Ihr Interesse an sich und dass Sie mit meinem Ratgeberbuch ein wenig tiefer in die Schichten Ihres Unbewusstseins gedrungen sind.

Was nun? Viele Teile des Puzzles haben eine Farbe bekommen und selbst wenn einige noch fehlen sollten, können Sie innerlich das Bild vervollständigen.

Die Bereiche, die für Sie wichtig sind, doch keinen eigenen Test oder Bereich haben, können Sie mit dem Frageschema, das ich Ihnen im Teil Ziele angeboten haben, jederzeit ergänzen. Tragen Sie Ihre Möglichkeiten in ein Erfolgsrad ein, füllen Sie noch einmal eine Mindmap aus. Sie selbst kennen sich am besten und nur Sie wissen, was wirklich wichtig ist.

Betrachten Sie die Bereiche, die Ihnen am Herzen liegen, durchaus häufiger. Die Erkenntnis hat Ihnen vielleicht zum Verständnis verholfen, doch jetzt ist es an der Zeit, Ihre Möglichkeiten umzusetzen.

Ziehen Sie an dieser Stelle noch einmal Bilanz:

- Ich habe über mich gelernt, dass ich …
- Meine Konsequenzen daraus sind?
- Meine Vorhaben setze ich bis wann und wie um?
- Mein persönliches Ziel, meine Visionen mit all meinen Erkenntnissen sind …
- Was wird sich für Sie verändern, wenn Sie Ihre Vorhaben umgesetzt haben?

ICH BIN

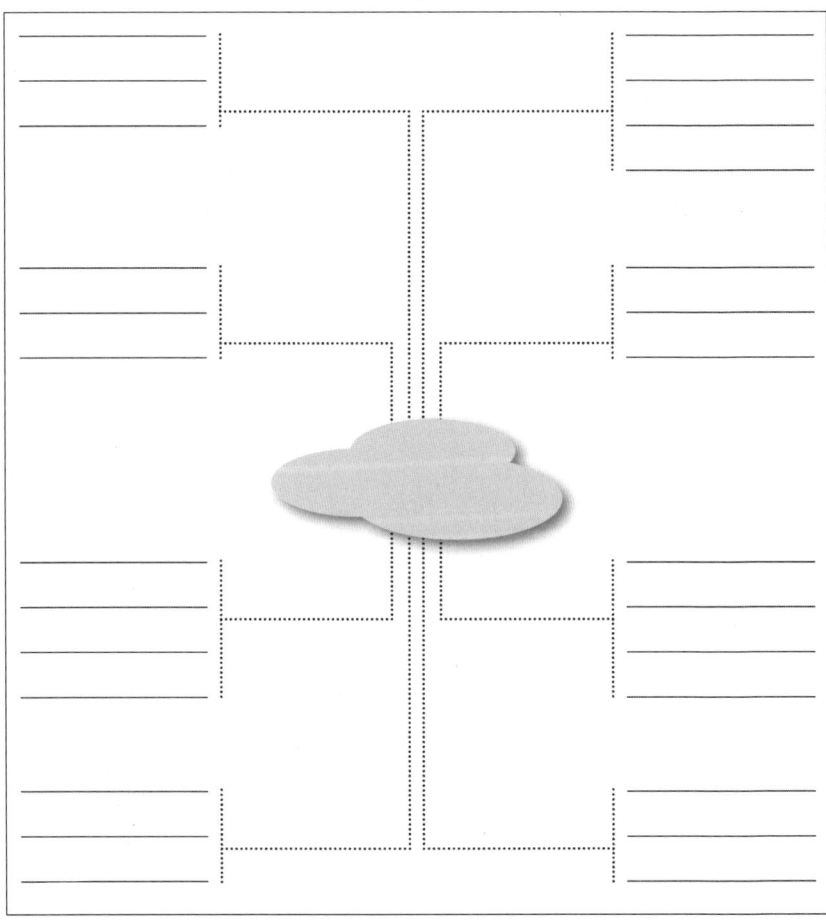

ANHANG

Über die Autorin

Anne Ibsch-Wolf M. A. ist staatlich geprüfte Heilpraktikerin für Psychotherapie. Nach einem Studium der Kommunikationswissenschaften und Psychologie absolvierte sie ihre Ausbildungen zur Persönlichkeitsstrainerin und zum Lerncoach nlpaed im Inntal-Institut/Bad Aibling sowie an der CI-Akademie in Braunschweig. Sie ist Master und Trainerin (DVNLP). Als Persönlichkeitscoach arbeitet sie in eigener Praxis in Gauting. Sie ist Geschäftsführerin von editorials Kommunikationsberatung, www.ibsch-wolf.de, www.editorials.de

Weiterführende Literatur

- Blickhan, Daniela und Claus: Denken, Fühlen Leben. Mvg-Verlag München
- Blickhan, Daniela: Persönlichkeits-Panorama, Junfermann-Verlag, Paderborn
- Bohn, Susanne: 30 Minuten für die Vereinbarkeit von Familie und Beruf, Gabal-Verlag, Offenbach
- Ernst, Heiko: Das Gute Leben, der ehrliche Weg zum Glück, Ullstein-Verlag, Berlin und München
- Funfack, Dr. med. Wolf: Metabolic Balance, das Mentalprogramm, Südwest-Verlag München
- Klein, Stefan: Die Glücksformel, Rowohlt-Verlag, Reinbek bei Hamburg

Alle Tests auf einen Blick

432 Seiten
Preis: 9,90 € (D) | 10,20 € (A) | sFr. 17,90
ISBN 978-3-636-07039-5

Talane Miedaner

COACH DICH SELBST, SONST COACHT DICH KEINER

101 Tipps zur Verwirklichung Ihrer beruflichen und privaten Ziele

Sie arbeiten, ohne Land zu sehen? Sie haben auch im Privatleben das Gefühl, dass der Tag 36 Stunden haben müsste? Und Sie sind unzufrieden, weil die Zeit nie für das Wesentliche reicht? Dann brauchen Sie einen Coach - am besten sich selbst! Die professionelle Trainerin Talane Miedaner hilft Ihnen mit 101 praktisch orientierten Tipps, Ihr Leben zu organisieren. So erreichen Sie die Dinge, die Ihnen wichtig sind.

320 Seiten
Preis: 19,90 € (D) | 20,50 € (A) | sFr. 33,90
ISBN 978-3-86882-009-6

Talane Miedaner

COACH DICH SELBST, SONST LIEBT DICH KEINER

Der ultimative Bezeihungsguide

Das Phänomen kennen wir alle: Was wir nicht brauchen, das ziehen wir an.
Umgekehrt stoßen wir oft genau das ab, was wir uns am meisten wünschen.
Wie wir endlich genau das bekommen, was wir wollen und was uns guttut, das verrät Bestsellerautorin Talane Miedaner in ihrem neuen Buch.

Das Prinzip ist ganz einfach: Natürliche Anziehungskraft üben wir nur dann aus, wenn wir unsere innersten Bedürfnisse selbst erfüllen und unsere wichtigsten Werte verwirklichen.
• Entdecken Sie mithilfe dieses praxisorientierten Ratgebers Ihre vier wichtigsten emotionalen Bedürfnisse.
• Erkennen Sie Ihre wahren Werte und Leidenschaften.
• Lernen Sie Schritt für Schritt das Leben zu leben, das Sie wirklich wollen.

Wenn Sie diese Prinzipien der Anziehung erst einmal beherzigen, werden Sie wie von selbst absolut unwiderstehlich. Und sind damit der großen Liebe Ihres Lebens den entscheidenden Schritt näher gekommen.

224 Seiten
Preis: 16,90 € (D) | 17,40 € (A) | sFr. 29,90
ISBN 978-3-86882-020-1

Holger Fischer

SIE SIND...IHR BESTER COACH

Gesundheit, Glück, Erfolg –
Was hätten Sie denn gern?

Holger Fischer, Jahrgang 1962, wird unter anderem als Heiler, Coach und Entwicklungsbeschleuniger bezeichnet. Er selbst sagt, dass er Menschen dabei unterstützt, sich selbst zu helfen. Mittlerweile schwören Fußballnationalspieler, Showstars und Unternehmer auf seine außergewöhnlichen Fähigkeiten. Holger Fischer mobilisiert die Selbstheilungskräfte, hilft in Krisensituationen und arbeitet mit seinen Klienten an ihrer erfolgreichen Karriere. Aufgrund seiner bahnbrechenden Erfolge ist er auch international sehr gefragt.

mvgverlag